Lebenszeugnisse –
Leidenswege

Heft 19

BENNO KIRSCH
WALTER LINSE
1903 – 1953 – 1996

Dresden 2007

Lebenszeugnisse – Leidenswege
Eine Heftreihe herausgegeben
von Norbert Haase und Clemens Vollnhals
im Auftrag der Stiftung Sächsische Gedenkstätten
zur Erinnerung an die Opfer politischer Gewaltherrschaft
in Zusammenarbeit mit dem
Hannah-Arendt-Institut für Totalitarismusforschung e.V.
an der TU Dresden

Heft 19

Gefördert aus Mitteln des Sächsischen Staatsministeriums
für Wissenschaft und Kunst

Titelfoto:
Walter Linse 1951; DPA-Picture Alliance

Satz: Walter Heidenreich, HAIT Dresden
Umschlaggestaltung: CCP Kummer & Co GmbH, Dresden
Druck: Stoba-Druck, Lampertswalde
Printed in Germany

ISBN 978-3-934382-19-0

Inhaltsverzeichnis

Vorbemerkung

Das Schauspiel, das sich beim Studium der Akten zum Fall Walter Linse vor dem geistigen Auge des Lesers, der Leserin entfaltet, ist so farbig und dramatisch, dass man zuweilen glaubt, hier habe jemand einen Kriminalroman verfasst. Vor allem wundert man sich, dass es den Tätern überhaupt gelingen konnte, eines der spektakulärsten Verbrechen der Nachkriegszeit zu verüben. Das Amüsement, das sich dabei ebenfalls einstellt – die Figur Marustzöks etwa hätte man nicht besser erfinden können –, ist allerdings aus zwei Gründen nur von kurzer Dauer. Wer könnte sich, erstens, dem Leiden des Opfers entziehen? Beklemmend anschaulich berichten die Dokumente davon, wie Linse in das Visier des MfS gerät, brutal verschleppt, systematisch gequält und schließlich hingerichtet wird, und das alles ohne das geringste Zeichen von Mitgefühl oder Reue auf Seiten der Täter. Zweitens ist es verblüffend zu entdecken, wie aktuell sich das Ereignis, das Linses Leben eine so dramatische Wendung gab, in diesen Tagen ausnimmt. Noch vor wenigen Jahren hätte man einen Vergleich der Methoden der CIA mit denen des MfS entrüstet zurückgewiesen. Doch inzwischen muss man feststellen, dass das „extraordinary rendition"-Programm der US-Regierung in ihrem „Krieg gegen den Terrorismus" beunruhigende Parallelen zu den systematischen Verschleppungen von Renegaten und Regimegegnern durch Agenten der östlichen Geheimdienste aufweist. Es stimmt schon, dass man den grundsätzlichen Unterschied der Gesellschaftssysteme, denen sie dienen bzw. dienten, nicht verwischen darf. Aber auch dann – vielleicht sogar: gerade deshalb – fällt das Ergebnis, sollten die gegenwärtig geäußerten Vorwürfe zutreffen, vernichtend aus. Im Namen der Sicherheit begibt man sich rechtsstaatlicher Grundsätze; eine echte Kontrolle ist nicht möglich. Der Fall Linse hilft, den Blick für die Gegenwart zu schärfen. Man muss es allerdings wollen.

Berlin, im Januar 2006   Benno Kirsch

I. Einleitung

1. Eine deutsche Biographie

Die ruchlose Tat ereignete sich in den frühen Morgenstunden. Am Beginn eines heißen Sommertages des Jahres 1952 lauerten zwei Männer dem Rechtsanwalt und Mitarbeiter des „Untersuchungsausschusses freiheitlicher Juristen" Walter Linse vor seinem Haus im Berliner Stadtteil Zehlendorf auf, überwältigten ihn und zerrten ihn in ein Auto, in dem zwei Komplizen warteten. Der Fahrer fuhr sofort los und jagte mit Höchstgeschwindigkeit in Richtung Stadtgrenze. Aus dem Wagen wurden Schüsse auf Verfolger abgegeben. Als der Wagen am Kontrollpunkt anlangte, wurde der Schlagbaum geöffnet und die Kidnapper verschwanden mit ihrem Opfer in der sowjetischen Besatzungszone. Der Geheimdienst der DDR, das Ministerium für Staatssicherheit, hatte erneut einen seiner Feinde zur Strecke gebracht. Walter Linse ist seitdem nie wieder gesehen worden.

Noch am selben Tag erhob sich ein gewaltiger Aufschrei der Empörung, und zwar nicht nur am Tatort in West-Berlin, sondern auch in der Bundesrepublik und weltweit. Landes- und Bundespolitiker forderten die Freilassung Linses, auch amerikanische Stellen setzten sich für ihn ein – jedoch vergeblich. Die Sowjetunion, die man sogleich der Urheberschaft verdächtigte, wies alle Vorwürfe zurück und behauptete, nichts von Linses Verbleib zu wissen. Bei dieser Position blieb man bis zum Zusammenbruch des sowjetischen Imperiums, in dessen Verlauf auch die DDR mit ihrem Geheimdienst weggespült wurde. Seitdem aber die Akten des MfS veröffentlicht worden sind, kennen wir Linses weiteres Schicksal. Es war, als sei ein Gletscher geschmolzen, der lange und gutgehütete Geheimnisse preisgab.[1]

Man könnte es nun damit bewenden lassen, zu wissen, was mit Linse nach seiner Verschleppung geschah. Aus berufenen Mündern wurde fundiert Auskunft gegeben über sein Martyrium, zuerst in der Hand des MfS in Ost-Berlin und dann des MGB und seiner Hinrichtung in Moskau 1953.[2] Der Fall ist allerdings aus zwei Gründen einer weiteren Untersuchung wert. Zum einen bewegt Linses Schicksal bis heute die Gemüter wie kein zweites aus der Zeit der Blockkonfrontation, und das nicht nur jene, die unter Repressalien durch das MfS zu leiden hatten. Linse war zwar weder das erste noch das letzte Opfer einer Reihe von Verschleppungen aus einem der Westsektoren in den Machtbereich der Sowjets durch gedungene Kriminelle. Eine genaue Zahl lässt sich nicht mit Sicherheit nennen, aber seriöse Schätzungen sprechen von 600 bis 700 versuchten oder vollendeten Fällen.[3] Man mag sich fragen, warum ausgerechnet Linses Schicksal so viel Anteilnahme hervorgerufen hat, es dürfte aber kaum bestritten werden, dass er das prominenteste Opfer eines Menschenraubes durch das MfS ist.

1 Vgl. Fricke, Entführungsopfer postum rehabilitiert; ders., Postskriptum zum Fall Walter Linse.
2 Zuletzt in Smith, Kidnap city, S. 127–142.
3 Fricke/Ehlert, Entführungsaktionen der DDR-Staatssicherheit, S. 1181.

Zum zweiten ist bei diesem Fall die (politik-)wissenschaftlich entscheidende Frage noch gar nicht gestellt worden. Wohl ist Linses Schicksal nach der Entführung weitgehend rekonstruiert worden,[4] und auf der Basis des so vermittelten Wissens gedenkt man seiner als Opfer des stalinistischen Terrors. So zu verfahren ist zweifelsfrei legitim, insbesondere wenn „Veteranen" des Kalten Krieges sich der Thematik annehmen. So zu verfahren, bedeutet jedoch zugleich, Linses Leben ausschließlich aus der Opferperspektive darzustellen und damit unzulässig zu reduzieren. Zwar dürfte es an dieser Aussage keinen vernünftigen Zweifel geben: dass Linse Opfer war. Aber durch diese Reduktion wird die Frage nach dem Kontext der Tat systematisch ausgeblendet, die zu ihrem Verständnis so entscheidend ist. Schließlich war Linse zu Lebzeiten zu einer gewissen Prominenz gelangt, und die wenigen Daten, die zu seinem knapp fünfzig Jahre währenden Vorleben vorliegen, lassen vermuten, dass sie geeignet sind, einen Schlüssel zum Verständnis west-ost-deutscher Geschichte zu liefern. Wenn man also das Verbrechen und Linses Leidensweg vom politischen Kontext isoliert und Linses Biographie bis zu diesem Zeitpunkt ausblendet, wird man weder der Person noch der Tat gerecht werden können.

Den Opferverbänden und anderen Politikern, die Geschichte studieren, um damit Gegenwartsfragen zu beantworten, kann man ihren verengten Blick auf die Tat schwerlich vorwerfen. Ihr Interesse an Linse ist durch ihre Befangenheit natürlicherweise von sehr gegenwärtigen Interessen geprägt, die auf Rehabilitierung, nachträgliche, gleichsam offiziöse Delegitimierung der SED-Diktatur und vielleicht auch die gegenwärtige Bekämpfung der SED-Nachfolgepartei, der PDS/Linkspartei, abzielt. Und in die Zukunft gerichtet geht es mit Sicherheit auch um die Bewahrung des Gedenkens an eine dramatische Vergangenheit.[5] So wenig also der vorherrschende Umgang mit der Causa Linse kritisiert werden soll als eine Form, Vergangenheit zu „bewältigen", so sehr muss sich eine wissenschaftlich verstehende Arbeit von ihr absetzen und einen anderen Zugang wählen. Eine isolierte Betrachtung der Entführung und die Rekonstruktion seines nachfolgenden Leidens kann unter dieser Perspektive nicht ausreichen. Wenn man die Tat von dem nur sieben Jahre zurückliegenden Ende der NS-Diktatur isolieren würde, würde man nichts weniger tun, als die Auseinandersetzung zwischen zwei Ideologien und ihrer habhaften Weiterungen fortzuführen, die doch eigentlich Vergangenheit sind – bzw. sein sollten. Weil der Kalte Krieg ohne die NS-Vergangenheit der Deutschen gar nicht zu verstehen ist, muss die Darstellung von Linses Verschleppung deshalb bereits im Jahre 1933 beginnen.

Was also not tut, ist, herauszufinden, welchen Weg Linses Leben bis zu seiner Verschleppung nahm, in welchem Kontext, in welcher Zeit es stattfand. Dabei müssen beide zentralen prägenden Faktoren der fünfziger Jahre gebührend beachtet werden: Der Kalte Krieg *und* die nationalsozialistische Vergangenheit, ohne die der Kalte Krieg überhaupt nicht stattgefunden hätte und die

4   Mampel, Entführungsfall Dr. Walter Linse; „Nun gut, den vernichten wir". In: Der Spiegel vom 18.11.1996, S. 72–77.
5   Vgl. Gieseke, Zeitgeschichtsschreibung. In: Suckut/Weber (Hg.), Stasi-Akten, S. 223–225.

wie ein Schatten über allen Entwicklungen in Deutschland lag. Walter Linse gehörte als Jurist bei der Chemnitzer Industrie- und Handelskammer zur Funktionselite des „Dritten Reichs". Man kann zwar nicht davon reden, dass er auch beim UFJ zu der Funktionselite im engeren Sinne der Bundesrepublik gehörte, aber er war auf dem besten Wege dorthin. Es ist gerade dieser Umstand: Linses Stellung vor und nach 1945, der herausfordert, genauer hinzusehen und seinen Lebenslauf unter dieser doppelten, vermutlich ineinander verschlungenen Perspektive zu betrachten.

Alle Wege der deutschen Geschichte im 20. Jahrhundert führen zum Holocaust. Deshalb heißt die Gretchenfrage an jeden, der ihn in irgendeiner Form hat wahrnehmen können: Wie hältst du es mit dem Nationalsozialismus? Deshalb muss sich auch Linses Leben gefallen lassen, auf diese Frage hin untersucht zu werden. Das heißt jedoch nicht, dass damit seine Verschleppung oder andere unappetitliche Aktionen des MfS gerechtfertigt würden. Es soll ja nicht nach den legitimierenden Gründen für das Verbrechen gefragt werden. Dies wäre ähnlich unzulässig wie die gegenwärtig zu beobachtende Hagiographie durch Linses Weggefährten und spätere Antikommunisten. Sondern es geht ausschließlich darum, die Charakterisierungen Linses als „Oberspion"[6] und als „Widerstandskämpfer für die Menschenrechte"[7] zu prüfen und ggf. zu kritisieren.[8]

Was nachfolgend also unternommen wird, ist die Biographie eines Angehörigen jener wirtschaftlich-politischen Funktionselite, über dessen Leben man üblicherweise nichts erfährt, weil er eben kein Staatsmann oder eine anderweitig herausragende Persönlichkeit war. Aber aus genau diesem Grund ist dieses Leben von Interesse. Man erfährt über die Prägungen, Taten und Strukturen, in denen die Entscheidungen der genannten großen Gestalten wie bspw. Adenauer umgesetzt werden. Die Biographie eines solchen Mannes ist somit eine Form einer Untersuchung der Mikrophysik der Macht, die die moderne Gesellschaft so prägt. Gerade bürokratische Herrschaft ist auf das vieltausendköpfige Heer der Beamten angewiesen, die die Generallinie, die „oben" vorgegeben wird, in die Gesellschaft implementiert – im Guten wie im Bösen. Da man annehmen kann, dass Gut und Böse nahe beieinander liegen und sich überlagern – wie bei jener Funktionselite, die während des Nationalsozialismus bereits tätig war und in der Bundesrepublik wieder Fuß fassen konnte[9] –, ist es angezeigt, das Portrait so zu zeichnen, dass die Graustufen erkennbar werden.

---

6 Neues Deutschland vom 13.7.1952.
7 Benedict Maria Mülder, Zwei Schüsse ins Wadenfleisch. Opfer einer Verwechslung? Vor fünfzig Jahren wagte die Stasi eine ihrer spektakulärsten Entführungen. In: FAZ vom 8.7.2002, S. 42.
8 Vgl. Hachmeister, Schleyer, S. 23.
9 Vgl. Ebd., S. 25.

2. Zur Quellenlage

Bei der Rekonstruktion von Linses Leben ergaben sich zwei Schwierigkeiten; sie betreffen die Menge und die Qualität des Materials.

Erstens hat der Krieg dafür gesorgt, dass zahlreiche Unterlagen in den Bombenstürmen verbrannt und unwiederbringlich verloren sind. Die private Überlieferung aus Linses Besitz ist sehr spärlich. So erhielt seine Wohnung im Krieg einen Bombentreffer, weshalb er zum Umzug gezwungen war. Darüber hinaus hatte er keine Kinder, die man auf dem Weg der Oral history hätte befragen können. Also hat das MfS leichtes Spiel gehabt, um jede mögliche Spur, die zu Linse führen könnte, zu verwischen. Dadurch können nicht alle Phasen seines Lebens zufriedenstellend rekonstruiert werden, zumal sich weder Zeitzeugen ausfindig machen ließen noch weitere als die im Folgenden ausgebreiteten Dokumente. Also beginnt die Überlieferung im Grunde erst am 8. Juli 1952. Erst mit dem Zeitpunkt der Entführung wird die Materiallage so dicht, dass man sogar zahlreiche weitere Geschichten erzählen könnte, die dann aber doch nicht hierher gehören. Mit etwas Phantasie könnte man sicherlich so manche Lücke schließen, ohne Linse unrecht zu tun, aber so zu verfahren, würde dem Anspruch, eine wissenschaftliche Biographie vorzulegen, nicht gerecht werden.

Zum zweiten ist das überlieferte Material hochgradig kontaminiert. Muss man den Überlieferungen durch das MfS, auf die auch diese Arbeit selbstredend maßgeblich aufbaut, ohnehin gebührendes Misstrauen entgegenbringen, so gilt dies auch für die Behörde der Bundesbeauftragten (BStU), die diese Unterlagen verwaltet. Es ist ja allgemein bekannt, dass der Forscher lediglich Kopien der Akten zur Einsichtnahme erhält und diese Kopien auch noch vielfach geschwärzt sind (im Text mit [x] gekennzeichnet). Diese Praxis soll den Schutz der Privatsphäre der Betroffenen sicherstellen; sie behindert in ihrer gegenwärtig zu beobachtenden exzessiven Auslegung jedoch die Forschung, vor allem im Vergleich mit anderen Archiven, in denen nach Ablauf der 30-jährigen Sperrfrist die Akten ungeschwärzt und im Original vorgelegt werden. Hier liegt eine sachlich nicht gerechtfertigte Beeinträchtigung vor. Die Bundesbeauftragte für die Stasi-Unterlagen hat im Sommer 2004 zudem entschieden, dass Abhörprotokolle nicht mehr herausgegeben werden, was dem juristischen Laien nicht einleuchten will, weil sich das Bundesverwaltungsgericht in seiner Entscheidung lediglich auf lebende Personen der Zeitgeschichte bezog. Warum die Privatsphäre eines Toten geschützt werden muss, ist nicht auf Anhieb verständlich. Außerdem stellt sich die Frage, warum dann nicht der gesamte Vorgang gesperrt wird, da doch eigentlich alle im Fall Linse gesammelten Dokumente illegal zustande gekommen sind.

Was im Fall Linse bei den westlichen Überlieferungen hinzukommt, ist der Umstand, dass Linse bei einer Organisation arbeitete, die zum Teil von der CIA finanziert wurde und die insgesamt in das Geheimdienstmilieu Berlins vor dem Mauerbau verstrickt war. Der Wunsch nach Geheimhaltung ist bis heute ungebrochen. So stößt man in einer Akte etwa auf den Vermerk, dass ein Schriftstück entnommen worden sei mit dem Hinweis auf seine Geheimhaltungsbedürftigkeit.[10] In der Sekundärliteratur werden interne Papiere des BND referiert und nicht an Interessierte herausgegeben.[11] Und die Suchkartei der KgU, in der Linse nach seiner Verschleppung geführt wurde, ist offensichtlich nachträglich manipuliert worden: Die Karteikarten, auf die von Linses Namenskartei verwiesen wird, fehlen. Da die KgU-Akten erst in den neunziger Jahren auf Mikrofilm aus den USA zurück nach Deutschland gelangten, wohin sie vermutlich entweder vom BND oder von der CIA verbracht worden waren, kann man sich vorstellen, wer hier seine Hand im Spiel hatte. Im Grunde spielen die westlichen Geheimdienste immer noch das Spiel, das die östlichen, zumindest phasenweise, aufgegeben haben, das MfS zwangsweise, der MGB – dann KGB, heute FSB – aus freien Stücken.

II. Wurzeln und prägende Jahre in Sachsen

1. Kindheit, Studium, Arbeit als Hilfsrichter

Über Linses Kindheit und Jugend liegen nur spärliche Informationen vor, die zusammen genommen aber doch ein zumindest grobkörniges Bild ergeben. Geboren am 23. August 1903 als Sohn des Postsekretärs Max Linse; Konfession: evangelisch-lutherisch.[12] Walter hat mindestens eine Schwester, Charlotte, die er während seiner Haftzeit gegenüber einem Mithäftling erwähnt. Besuch der Volksschule von 1910 bis 1920, danach Real- und Oberrealschule in Chemnitz, die er mit dem Abitur abschließt.

Aus dieser frühen Zeit ist ein Schulaufsatz Linses überliefert, den er am 4. Oktober 1920 verfasst.[13] Man sollte die Ausführungen des siebzehnjährigen Schülers „Über mich selbst" nicht überbewerten, wie Schuller zurecht mahnt.[14] Gleichwohl lassen sich aus der frühen Selbstbeschreibung die durchaus bereits herangereiften Charakterzüge erkennen, die auch den späten Linse ausgezeichnet haben mögen. Er offenbart sich in diesem Aufsatz als ein Idealist mit einem „Haß gegen alles Äußere", einer Eigenschaft, die ihm insofern Probleme bereitet, als er in ihr auch ein Versagen erkennt. Bücher lesen, wenige, aber dafür tiefe Freundschaften pflegen und Grübeleien statt neuer Kleidung und oberflächlicher Vergnügungen haben ihn zu einem Einzelgänger werden lassen, der gern allein durch die Wälder streift und dem „der heitere Frohsinn des Lebens vollkommen fehlt und [...] so zu ernsten Befürchtungen meiner Liebsten geworden" ist. Zusammenfassend tadelt sich der junge Linse selbst: „Ich habe es also in meinem bisherigen Leben nicht verstanden, ein meinem Körper und meinem Geist gemeinsam gerechtwerdendes Leben zu führen". Dafür ist er um so zufriedener mit zwei Eigenschaften, die er als Basis aller seiner Erfolge

10 BArch, B 136, 6539.
11 Mülder, Zwei Schüsse ins Wadenfleisch. In: FAZ vom 8.7.2002.
12 BStU, ZA, MfS, GH 105/57, Bd. 4, S. 270.
13 Eine Kopie findet sich in UAL.
14 Schuller, Walter Linse, S. 293 f.

bezeichnet: Willensstärke, wenn es darum geht, ein Ziel zu erreichen, und die Fähigkeit zum Verzicht, wenn es sich als unmöglich erweist.

Unter Gleichaltrigen versucht der schweigsame, Tagebuch führende Einzelgänger, sich mit den anderen zu vertragen. Gegen den Vorwurf des Wankelmuts verwahrt er sich. Denn wenn er in jeder Meinung etwas Wahres sehe, dann komme darin doch vor allem seine Toleranz gegenüber Andersdenkenden zum Ausdruck, eine Eigenschaft, die von den Kameraden falsch gedeutet werde. „Beim Spartakist bin ich ein Monarchist, bei diesem ein Spartakist usw. Ich versuche eben, jenem zu beweisen, dass auch die Monarchie etwas für sich habe, und diesem, dass auch der Kommunismus Ideen in sich berge, denen man zustimmen kann."

Was seine beruflichen Perspektiven angeht, sieht Linse zum Zeitpunkt der Niederschrift des Aufsatzes schwarz, denn die wirtschaftlichen Verhältnisse seiner Eltern sind nicht danach, ihm eine höhere Schulbildung und ein Studium zu finanzieren, auf dass sich sein Traum erfülle, Diplomat zu werden und an der Wiederherstellung der deutschen Ehre mitzuwirken. Der Wille, nach seinem Tod ein Denkmal gesetzt zu bekommen, das die Inschrift „Er wollte seines Volkes Bestes!" ziert, wird wohl der Kunst des Entsagenkönnens weichen müssen. – „Ein klein wenig mehr Lebensbejahung und echte Lebensfreude wünsche ich Ihnen", kommentiert Deutschlehrer Gustav Seyfert die düsteren Ausführungen seines Zöglings. Ob es ihm gelang, Linse zu einer gewandelten Grundeinstellung zu verhelfen, ist nicht bekannt. Linse jedenfalls bewahrt seinen Idealismus bis zuletzt, als er in seinem Schlusswort vor dem Militärtribunal bekennt: „Im Großen und Ganzen geriet ich in diese Lage, weil Deutschland geteilt ist. Ich wollte meinem Vaterland helfen."[15]

Die Schwierigkeiten, die sich Linse 1920 auftun, bewältigt er in einer nicht überlieferten Weise. An der Städtischen Oberrealschule Wielandstraße legt er zu Ostern 1924 das Abitur ab.[16] Im selben Jahr immatrikuliert er sich an der Leipziger Universität, um die Rechte und Staatswissenschaften zu studieren. Dabei belegt er unter anderem Veranstaltungen zur Volkswirtschaftspolitik bei Kurt Wiedenfeld und zur Handelsstatistik bei Paul Hermberg.[17] Wenn Linses Leben von einer idealistischen Grundhaltung geprägt ist, dann könnte mit seiner Studienfachwahl ein Gerechtigkeitsempfinden zum Ausdruck kommen, das durch die Zeitläufte fast ständig verletzt wird, oder das Bestreben, ein Mittel in die Hand zu bekommen, Dinge, die im Argen liegen, zu verändern. In jedem Fall wählt er sein Fach auch aus Leidenschaft für die Juristerei, oder er entwickelt sie im Laufe der Jahre. Für diese Deutung spricht der Umstand, dass Linse froh ist, als sein Zellengenosse in MfS-Haft ein Jura-Student aus Jena zu sein scheint, mit dem er juristische Probleme erörtern und von seiner eigenen Studentenzeit erzählen kann.[18]

---

15 HAIT-Archiv, Akte Walter Linse.
16 StadtA Chemnitz, Höhere Schulen, Oberrealschule Wielandstraße, 86.
17 UAL, Quästurkartei; Rep. I/XVI/VII C 88, Bd. 1.
18 BStU, ZA, MfS, GH 105/57, Bd. 4, S. 321 f.

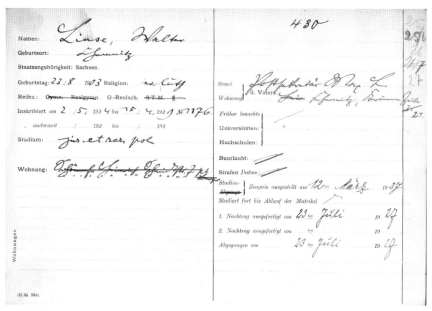

Immatrikulation Walter Linses für das Studium der Rechte und Staatswissenschaften an der Leipziger Universität; Universitätsarchiv Leipzig, Quästurkartei.

Die Schmisse an seiner Wange deuten darauf hin, dass er Mitglied einer nicht näher bekannten schlagenden Studentenverbindung ist. 1927, nach sieben Semestern, wie er selbst angibt, legt er das erste juristische Staatsexamen ab. Es folgt das Referendariat in Chemnitz, Stollberg und Leipzig, das er am 18. April 1931 mit dem zweiten Staatsexamen abschließt. Er kommt als Hilfsrichter an das Amtsgericht Stollberg, wo er zwei Jahre bleibt. Im Mai 1933 versetzt ihn das sächsische Justizministerium als Hilfsrichter an das Amtsgericht Leipzig. Doch auch hier kann er nicht lange bleiben. Am 13. November 1933 ordnet der sächsische Justizminister, Otto Thierack, ein mit der Gleichschaltung der Justiz befasster Nationalsozialist, Linses Entlassung zum Jahresende an. Doch Linse kommt ihm zuvor; er führt am selben Tag eine Unterredung mit einem Beamten im Ministerium und kündigt selbst.[19]

Über die Wege, die die Nachrichten zwischen Linse, dem Ministerium und dem Amtsgerichtspräsidenten genommen haben, erfährt man aus Linses Personalakte nichts. So ahnt man nur, dass Linse Wind von seiner Entlassung bekommen haben muss und sich in das fügte, was er ohnehin nicht beeinflussen konnte. Die Frage, welche Bedenken die Nazis gegen Linses Weiterbeschäftigung hegten, kann anhand des vorliegenden Materials nicht beantwortet werden. Über sie zu spekulieren, könnte sich jedoch lohnen, denn es drängt sich die Vermutung auf, sie könnten mit der Gleichschaltung zusammenhängen. Bereits kurz nach der „Machtergreifung" beginnen die Nazis, jüdische Beamte aus dem Staatsdienst zu vertreiben und jüdische Rechtsanwälte zu drangsalie-

---

19 StAL, Amtsgericht Leipzig, 2767.

ren. Auch sozialdemokratische Beamte wechseln in diesen Monaten in die freie Rechtsanwaltschaft.[20] Möglicherweise gehörte Linse zu jenen Beamten, denen das Regime – aus welchen Gründe auch immer – nicht traute, worauf er sich gezwungen sah, sich eine berufliche Existenz in der Nische der freien Advokatur zu suchen.

Abschrift.

Familienname: **L i n s e ,**
(deutlich und groß schreiben)

Dienststelle: Amtsgericht Stollberg i.E.

Seit wann bei dieser: 20. Mai 1931.

Sämtliche Vornamen: Walter Erich
(Rufname unterstreichen)

Aktennummer:
(OLG., GenStA.)

(soweit nachstehende Angaben seit dem Vorjahr unverändert, Bezugnahme auf die maßgebende frühere Dienstliste zulässig — GO. § 107 Abs. 3)

Geburtstag und -ort: 23. August 1903 in Chemnitz.

Staatsangehörigkeit: Sachse.

Militärdienst: ———————

Kriegsbeschädigt und zu wieviel v.H.: ————

Verheiratet mit ———————

seit ———————

Ledig, verw. seit ./. geschieden seit ./.

Eigene Familienwohnung (in Hauptmiete, in Untermiete?): ./.

Dienstwohnung: ./.

Eigener Hausstand (allein oder mit Angehörigen, Verwandten usw.?): ./.

Namen und Geburtstage der Kinder:

1. ————

2.

3.

Amtsbezeichnung: Gerichtsassessor, Verg.Gr. 1

Dienstliche Beschäftigung: Amtsanwaltschaft, Hinterlegungs- und Beurkundungssachen SR-Sachen, mit Ausnahme der Offenbarungseidssachen.

Unterbrechungen d. Vorb.-D. d. Ref.: ./.
(§ 6 d. V. v. 1.2.04, JMBl. S. 5)

Erhebliche Störungen im Gesundheitszustand: ./.

Befähigung, Fleiß, Leistungen, dienstliches und außerdienstliches Verhalten. Eignung oder Nichteignung für eine bestimmte Tätigkeit oder für eine besondere Stelle. Vorschläge wegen anderweiter Verwendung, Versetzung usw.

Linse besitzt sehr gute Kenntnisse, namentlich auf dem Gebiete des Strafrechts, u. ist ausgezeichnet befähigt. Er arbeitet zuverlässig, gründlich u. umsichtig u. ist ein gewandter u. geschickter Redner. Seine Leistungen sind recht gut. Obschon er bisher vorwiegend in der Strafrechtspflege gearbeitet hat, scheint er sich doch auch für die Tätigkeit des Zivilrichters sehr gut zu eignen u. seine Beschäftigung in Zivilsachen ist deshalb sehr erwünscht.
Dienstliches u. außerdienstliches Verhalten tadellos.

29.4.32.
Urban.

29.4.32. Linse Ger.Ass.
(Unterschrift, Zeitangabe, Sichtvermerk des Beamten.)

Einzeldienstliste (GO. §§ 105 bis 109).
722.

(VIII. 33. P.)

Personalbogen des Gerichtsassessors Walter Linse im sächsischen Archivdienst; Staatsarchiv Leipzig, Amtsgericht Leipzig, 2767.

20   Vgl. König, Vom Dienst am Recht, S. 42 f. und 54.

Mit Linse verliert der sächsische Staat einen qualifizierten Nachwuchsrichter, über den die Beurteilungen seiner Vorgesetzten nichts Negatives vermelden; alle fallen so ähnlich aus wie die vom 27. Mai 1932: „Ger. Ass. Linse ist sehr fleißig und zeigt großes Interesse für den Dienst. Er ist gut befähigt und besitzt gute Rechtskenntnisse. Seine praktischen Leistungen sind gut, wenn auch nicht frei von Mängeln." Und weiter: „Dienstliches und außerdienstliches Verhalten: Nichts Nachteiliges bekannt geworden." Und eine andere vom 17. Mai 1933 attestiert: „Ein befähigter, sehr gut, praktisch und zuverlässig arbeitender Richter, für den praktischen Dienst, und zwar für jede Stelle, geeignet."

Wo Linse nach seinem Ausscheiden aus dem Justizdienst beschäftigt ist und was genau er arbeitet, ist nicht zweifelsfrei zu rekonstruieren. Einer Quelle ist zu entnehmen, dass er in der Kanzlei Kupfer und Schönberg in Chemnitz beschäftigt ist.[21] Aus einer anderen Quelle sind zwei Briefe aus dem Jahre 1934 überliefert, die ihn als beim Landgericht Chemnitz zugelassenen Rechtsanwalt in Rochlitz ausweisen.[22] Er bewirbt sich um einen Bürgermeisterposten, doch die „Hoffnungen [...] sind indes gering, da sich ein Stadtsekretär als alter Pg. mit den größten Aussichten bewirbt, obwohl ein Volljurist verlangt worden ist."

2. Promotion zum Dr. jur.

Im Jahr seines ersten Staatsexamens nimmt Linse seine Dissertation in Angriff. Es scheint, dass er, wie man später gelegentlich behauptet hat, nach oben will: Abitur, Jura-Studium, Mitglied einer Verbindung, und nun strebt er noch einen Doktortitel an. Allerdings gelingt es ihm zunächst nicht, das Vorhaben in einer ähnlich zügigen Weise zum Abschluss zu bringen wie sein Studium. Die Umstände sind nicht so. Das Vorwort zu dem erst 1938 abgeschlossenen Werk[23] deuten die Qualen an, die er gelitten haben muss wegen der ständigen Verzögerung. Zuerst führt er nämlich eine „ungemein zeitraubende Befragung" durch, an die sich eine „wahrhaft mühselige Zusammenstellung, Auszählung und Diskussion der Befragungsergebnisse" anschließt. Zu allem Überfluss muss die Arbeit auch noch für ein paar Jahre ruhen, bis sie dann zwischen 1934 und 1936 endlich abgeschlossen werden kann.[24]

Die Mühen haben sich jedoch gelohnt, das Ergebnis kann sich sehen lassen. Linse bearbeitet in seiner „dogmatischen und empirischen Studie" das immer aktuelle Problem des Verhältnisses zwischen positivem Recht und überpositiver Gerechtigkeit. Im Besonderen widmet sich der Doktorand der Frage, ob im Falle der Bestrafung des „untauglichen Versuchs" staatliche Zweckerwägungen und das Rechtsempfinden der Bevölkerung auseinanderfallen und wie man beides zur Deckung bringen kann. Empirisch ist seine Untersuchung, weil Linse 500 Männer und Frauen verschiedenen Standes zehn Fälle eines untauglichen

---

21 Dr. Braun an Linse vom 12.2.1952 (BArch, B 209, 959); vgl. BStU, ZA, MfS, GH 105/57, Bd. 6, S. 9.
22 StAL, Amtsgericht Leipzig, 2767.
23 UAL, Jur. Fak. B I 2, Bd. 4.
24 Linse, Der untaugliche Versuch, S. 1 f.

Versuchs vorgelegt hat und sie um Auskunft bittet, ob man den Täter bestrafen soll.

Linse kommt zu dem Ergebnis, dass die Befragten zwischen verschiedenen Rechtsgütern differenzieren und ihnen je unterschiedliche Werte zuweisen. Entsprechend befürwortet er die abgestufte Strafbarkeit des untauglichen Versuchs: Wenn jemand seinem Nachbarn bereits angedroht hat, ihn zu erschießen, und der Bedrohte das Gewehr heimlich entlädt, mit dem der Drohende eines Tages tatsächlich auf seinen Nachbarn zielt, so soll dieser bestraft werden, sagen 97,8 Prozent der Befragten. Aber wer beim Verkauf eines Pferdes einen vermuteten Mangel verschweigt, und dieser Mangel existiert gar nicht, der soll nicht bestraft werden, befinden 81 Prozent.[25] Die Kernaussage der Arbeit besteht also in der Ablehnung des so genannten Willensstrafrechts, das „mit dem Rechtsgefühl des Volkes nicht im Einklang" steht.[26]

In seinen einleitenden Bemerkungen erkennt der Verfasser selbstkritisch an, dass der untaugliche Versuch in dogmatischer Sicht keine weitere Untersuchung lohnt, weil das Thema bis in die letzten Verästelungen ausgeleuchtet worden ist. Was Linse dennoch daraus gemacht hat, ist in zweierlei Hinsicht aufschlussreich. Zum ersten verbindet er eine dogmatische Frage mit einer Enquete unter der Bevölkerung. Auf diese Weise versucht er, die Grenzen des positiven Rechts zu markieren und mit dem Naturrecht zu versöhnen. Diesen Ansatz wird Linse später bei seiner Tätigkeit für den UFJ weiter verfolgen, wenn er den Anspruch des SED-Regimes an der empirischen Rechtswirklichkeit misst.

Zweitens sticht der Umstand ins Auge, dass Linse seine Arbeit während der Weimarer Republik begonnen hat und erst unter der NS-Diktatur beendet. Unweigerlich drängt sich die Frage auf, ob die „Machtergreifung" und nachfolgende „Gleichschaltung" einen jungen, vermutlich ehrgeizigen, auf jeden Fall lebensklugen Juristen unbeeinflusst lassen können? Anders ausgedrückt: Lassen sich in seiner Dissertation Elemente nationalsozialistischen Denkens nachweisen oder kann er sich herrschenden Zwängen entziehen? Ganz offenkundig erweist er dem Regime seine Referenz, wenn er schreibt, dass es die Aufgabe der Rechtswissenschaft im neuen Staat „selbstverständlich" nicht sein könne, die bestehende „Ideenwelt des Liberalismus" bloß zu ergänzen, sondern dass ein ganz neues System errichtet werden müsse.[27] Weiterhin referiert er brav die offiziösen Positionen, die eine Bestrafung des untauglichen Versuchs wie die vollendete Tat fordern. Aber er führt ebenfalls eine sich ausdrücklich nationalsozialistisch verstehende Position in die Diskussion ein, die sich auf „das Volksempfinden" und die deutsche Rechtstradition beruft, wenn sie die Gleichbehandlung ablehnt. Linse schließt sich dieser Meinung unter Verweis auf die von ihm vorgenommene Befragung an.[28] So abgesichert kann er dann die Ergebnisse seiner Umfrage präsentieren. Eine klug gewählte Lösung, denn Linse findet

25 Ebd., S. 42.
26 Ebd., S. 60.
27 Ebd., S. 12.
28 Ebd., S. 13 f.

eine Lücke in der – ohnehin nicht hermetischen – NS-Dogmatik, in der er gleichsam unterkommen und sein vor 1933 begonnenes Projekt ohne Schaden beenden kann.

3. Unter dem Hakenkreuz

Linse hat zwischen seinem Ausscheiden aus dem Justizdienst 1933 und seinem Eintritt in die Industrie- und Handelskammer 1938 nur wenige Spuren hinterlassen; weder über sein berufliches Fortkommen noch sein Privatleben ist etwas zu erfahren. Möglicherweise waren es ereignisarme Jahre, die von Stillstand geprägt waren; weitere Spekulationen verbieten sich.

Obwohl die Quellenlage dürftig ist, darf man einer Frage nicht ausweichen: der nach dem Grad von Linses Affinität zu dem Regime, das sich in den ersten Jahren – gemessen am später einsetzenden Holocaust und Vernichtungskrieg – relativ „normal" gebärdete. Ob Linse Mitglied in der NSDAP war, lässt sich nicht mit Sicherheit sagen, die Angaben sind widersprüchlich. Eine Anfrage beim Bundesarchiv, das die Unterlagen des ehemaligen Berlin Document Center verwaltet, verlief negativ.[29] Auch nach eigener Aussage ist Linse nicht in der Partei gewesen. Im Fragebogen der Kreisentnazifizierungskommission Chemnitz-Stadt, den er am 2. März 1948 ausfüllt, beantwortet er die Frage „Waren Sie Mitglied der NSDAP und einer ihrer Gliederungen?" mit „nein".[30] Laut Verhörprotokoll des MfS hingegen ist Linse seit 1937 Mitglied im NSRB, seit 1938 Mitglied in der DAF und seit 1940 Mitglied der NSDAP gewesen.[31] Ob, wann und wie Linse einer der genannten Organisationen beigetreten ist, lässt sich nicht mehr rekonstruieren. Es ist möglich, dass er die Mitgliedschaft in der NSDAP zu verschleiern versucht hat, aber auch, dass er ohne sein Wissen als Mitglied geführt worden ist. Die Zugehörigkeit zum NSRB und zur DAF könnten unter denselben Umständen zustande gekommen sein. Aber vielleicht hat Linse sich bloß unauffällig den herrschenden Zwängen gebeugt, gerade so viel, wie nötig war, um nicht auf das berufliche Abstellgleis zu geraten. Da die Eintrittsdaten in NSRB und DAF einen Zusammenhang mit dem Eintritt in die IHK wahrscheinlich klingen lassen, kann man nicht behaupten, dass er ein überzeugter Nationalsozialist war. Eher scheint er ein „Mitläufer", ein Opportunist gewesen zu sein, der Zugeständnisse an das Regime machte.

Nach dem Krieg hat man Linse gleich zweimal Affären anzuhängen versucht, die sich – die Angaben sind höchst widersprüchlich und ungenau – während der NS-Zeit zugetragen haben sollen. Gleich im September 1945 unterstellt ein Denunziant, Linse hätte „während seiner Referendarzeit bei einem hiesigen Rechtsanwalt Veruntreuungen an Mündelgeldern sich zuschulden kommen" lassen. Zu strafrechtlichen Ermittlungen sei es nur deshalb nicht gekommen, weil sein Schwiegervater seine schützende Hand über ihn gehalten

---

29 Schreiben vom 5.11.2004 an den Verfasser.
30 BArch, ZB 7374 A.14.
31 BStU, ZA, MfS, GH 105/57, Bd. 1, S. 9.

habe.[32] Wenig später, im Januar 1951, vermutet eine andere, anonyme Quelle gegenüber dem MfS, dass Linse aus seiner Anwaltskanzlei „wegen zu gutem Stimmen der Kasse fristlos ausgeschieden" und daraufhin zur Industrie- und Handelskammer Chemnitz gewechselt sei. Dieser Bericht von „Conrad" enthält weitere Vorwürfe: „Er hat von einer ganzen Reihe von Fabrikanten Geld geborgt, was er vergaß, bis heute zurückzugeben. In der Affäre [x] hat er sich erfolgreich zu Lasten unseres Volkseigentums betätigt. Hat sich mit diesem abgesetzt."[33]

In seiner eigenen Darstellung, die dank der MfS-Abhörprotokolle überliefert ist, nimmt sich ein solcher Vorfall ganz anders aus. Demnach wurde Linse 1938 einmal per Postkarte zur Polizei beordert. Da er ein Gegner des Regimes gewesen sei, habe er sich große Sorgen gemacht, wie er seinem Mithäftling erzählt. Zu seiner Erleichterung habe tatsächlich nur ein Missverständnis zu seinen Gunsten aufgeklärt werden müssen. Anlässlich der Revision der Kasse des Amtsgerichts Stollberg hätte man festgestellt, dass er, Linse, zu viele Beiträge abgeführt hätte, als er dort Assessor gewesen sei. Deshalb habe man ihm nun 140,- Mark zurückgeben wollen.[34]

Welcher Version soll man Glauben schenken? Die Entscheidung ist insofern einfach, weil die Umstände, unter denen Linse seine Aussage gemacht hat, schwerer wiegen, als die unklaren Angaben der beiden Denunzianten, von denen der eine seine persönlichen Aversionen gegen Linse nicht verbergen kann. Warum sollte Linse in der aussichtslosen Situation der MfS-Haft seinen Mithäftling belügen? Ausgerechnet das MfS hat somit zu Linses Entlastung beigetragen, indem es 1952 auch seine Aussage über das Ereignis von 1938 protokollierte. Aber auch „Conrads" Erklärung kann nicht überzeugen, denn seine Angaben sind so wirr, zum Teil eindeutig unzutreffend, dass sie falsch sein müssen. Denunziationen eben.

III. Referent bei der Industrie- und Handelskammer Chemnitz

1. Arbeit für die Kriegswirtschaft

Nach Abschluss seines Studiums und Referendariats arbeitet Linse als Rechtsanwalt und ist auf diese Weise für die Nachwelt nahezu unsichtbar. Erst als er 1938 in die IHK Chemnitz, einer halbstaatlichen Einrichtung, eintritt und dort eine Tätigkeit als Referent aufnimmt, kann sein Weg weiterverfolgt werden, ja, eigentlich beginnt erst hier eine – trotz Bestandslücken – aussagekräftige Überlieferung. Denn auch in der IHK-Bürokratie gilt das Prinzip der Aktenkundigkeit aller Vorgänge. Dadurch kann Linses Tätigkeit zwar nicht vollständig rekonstruiert werden, aber der Bestand lässt instruktive Einblicke zu, auf deren Basis eine Einschätzung seiner Leistung möglich wird.

32 StadtA Chemnitz, Bestand Antifa-Block, Sign. 65, Bl. 113.
33 BStU, ZA, MfS, GH 105/57, Bd. 6, S. 9.
34 HAIT-Archiv, Akte Walter Linse.

Chemnitz — Handelskammer

Industrie- und Handelskammer Chemnitz, wo Linse 1938 eine Tätigkeit als Referent aufnimmt; Stadtarchiv Chemnitz.

Für Linse scheint es nun bergauf zu gehen. Die Dissertation ist publiziert, und er unterschreibt nun mit „Dr. Linse". 1938 gilt der akademische Grad etwas. Der Arbeitsalltag ist unspektakulär. Linses Aufgabe besteht darin, die in der IHK zusammengeschlossenen Unternehmen zu beaufsichtigen. In dem Archivbestand IHK des Staatsarchivs Chemnitz finden sich zahlreiche Vorgänge mit Linses Paraphe oder mit seiner Unterschrift, die die Eintragung von Firmen in das Handelsregister betreffen oder sich mit der Frage beschäftigen, ob diese oder jene Firmenbezeichnung irreführend ist; des Weiteren viele Schreiben der Arbeitsgemeinschaft der Industrie- und Handelskammer in der Reichswirtschaftskammer zu ähnlichen Fragen.[35]

Prägend für Linses Arbeit ist der ein Jahr später einsetzende Krieg, der durch die Vorbereitungen bereits jetzt die Wirtschaft beeinflusst, später aber zu einem alle Lebensbereiche dominierenden Faktor wird. In diesem Zusammen-

35 StAC, 30874, 648.

hang der „staatliche[n] Kommandowirtschaft mit privater Mitbestimmung"[36] zählt es zu Linses Aufgabe, Vorträge an Fachschulen und anderen Bildungseinrichtungen zu halten, in denen er die Notwendigkeiten einer auf den Krieg ausgerichteten Wirtschaft erläutert. Beispielsweise ist ein Manuskript zu einem Vortrag „Warum gelenkte Wirtschaft?" nebst Vorarbeiten erhalten, das auf November 1944 datiert ist. Darin wirbt Linse um Gefolgschaft für die Kriegsökonomie: „Es ist daher gut, wenn wir durch eine große Gesamtschau in die Probleme der nationalsozialistischen Wirtschaft unseren im alltäglichen Kleinkrieg bisweilen erschütterten Glauben wieder aufrichten und erneut erkennen und fühlen, wie groß und unabweisbar die Notwendigkeit einer gelenkten Wirtschaft ist und sein muss." Und er kommt zu dem Schluss: „Wenn jeder stets dieses Bewusstsein in sich trägt, dann wächst aus den Millionen Schaffenden die ungeheure Kraft, die Höchstes vollbringt, sich allen Gewalten zum Trotz durchsetzt und uns in diesem großen Kampf das höchste verheißt: *den Endsieg!*"[37]

Linse hält weitere Vorträge ähnlichen Inhalts; beispielsweise geht im März 1943 ein Schreiben der Unterabteilungsleiterin in der Deutschen Arbeitsfront, Gauverwaltung Sachsen, ein, in dem er gebeten wird, einen Vortrag zum Thema „Wirtschaftsführung im Kriege" zu halten. Und wenn man den Reaktionen der Veranstalter derartiger Vortragsreihen, zu deren Gelingen Linse mit seinem Auftritt beiträgt, Glauben schenken darf, diese also Linse nicht nur einen artigen Dank aussprechen, dann ist er ein guter Redner, der die Erwartungen des Publikums erfüllt. So gratulierte etwa der Leiter der Sozialen Fachschule, Kreis Chemnitz, am 3. Dezember 1941: „Durch Beurteilungen aus dem Hörerkreis konnte ich ersehen, dass Ihre Vorträge unbedingt als Erfolg zu buchen waren."[38] Womit sich bereits an dieser Stelle andeutet, dass Linse mit seinen Auftritten öffentliche Resonanz hervorzurufen in der Lage ist und nicht nur als Redenschreiber für seinen Vorgesetzten, den Handelskammerpräsidenten, und zum Bürokraten taugt.

Während er mit seinen Vorträgen an die Öffentlichkeit tritt und sein im weitesten Sinne politisches Talent erprobt und verbessert, kommt Linse auch seinen Aufsichtspflichten nach. Im Auftrag seines Hauses nimmt er an Betriebsprüfungen und so genannten Auskämmaktionen teil, informiert die Mitgliedsunternehmen über die „Neuregelung des Verfahrens der Arbeitskräfteanforderungen und Bedarfsermittlungen" und so fort. Er sorgt für Nachschub für den Krieg und für eine möglichst effiziente Verwaltung des Mangels an Arbeitskräften und Material und erfüllt gleichsam die Funktion eines Scharniers zwischen der Wehrmacht und ihren Bedürfnissen und den Unternehmen, die diese zu erfüllen haben.[39] Bei Betriebsbesichtigungen ermittelt er materielle und personelle Kapazitäten und leitet die Umsetzung der von ihm für sinnvoll erachteten Maßnahmen in die Wege, was für den betroffenen Betrieb und seine Mitarbei-

36 Frei, Führerstaat, S. 90.
37 StAC, 30874, 513.
38 Ebd.
39 Vgl. StAC, 30874, 61 und 354.

ter allerdings gravierende Folgen haben kann. In einer Notiz vom 5. September 1944 über eine Betriebsprüfung, an der auch Linse teilgenommen hat, heißt es beispielsweise: „Der Eindruck ist der, dass dieser Betrieb ohne jede nachteiligen Folgen für die Rüstung oder die Chemnitzer Textilindustrie geschlossen, zumindest aber anders belegt werden kann, und die freiwerdenden Arbeitskräfte können der direkten Rüstungswirtschaft mit günstigerem Arbeitseinsatz zugeführt werden."[40]

2. Die Verfolgung der Juden in Chemnitz

So weit, so normal – zumindest unter den Umständen einer staatlich regulierten Wirtschaft in einer Diktatur und unter den Bedingungen eines Weltkriegs. Man wird Linse keine Vorhaltungen machen wollen, dass er seinen Beitrag zur Aufrechterhaltung der Kriegsproduktion leistet. Aber seine Tätigkeit erschöpft sich nicht darin, diese vergleichsweise „neutrale" Aufgabe zu erfüllen. Denn durch seinen Eintritt in die IHK wird Linse fast augenblicklich zum Mittäter bei der Verfolgung der Chemnitzer Juden und damit – das wissen wir heute – jener Phase, die dem Holocaust unmittelbar voranging.

Nicht nur für Linse spielt das Jahr 1938 eine bedeutende Rolle. Für die Chemnitzer Juden war es ein Schicksalsjahr. Begonnen haben die Demütigungen, Boykotte, Verfolgungen und Morde bereits 1933. Sie treffen eine kleine Gemeinde von 2.796 Mitgliedern, die zahlenmäßig unter den 335.000 Chemnitzern geradezu verschwindet. In Sachsen liegt der Anteil der Juden an der Gesamtbevölkerung, wie die Statistik von 1925 ausweist, mit 0,46 Prozent im Vergleich zum Reich (0,9 %) noch unter dem Durchschnitt. Überproportional vertreten – in Chemnitz wie im Reich – und damit ein bedeutender Wirtschaftsfaktor sind sie als Industrielle und Fabrikanten. In Chemnitz beträgt der Anteil der Juden an Wirkerei- und Stickereifabriken 1930 35,3 Prozent, am Großhandel mit Gespinsten und Geweben 34,1 Prozent.[41] Die Atmosphäre ist verseucht. 1935 richtet Bürgermeister Walter Schmidt einen „Judenpranger" ein, ein Blatt Papier auf einer Anschlagtafel, auf dem die Namen der städtischen Angestellten aufgeführt werden, die in jüdischen Geschäften einkaufen. Zwar wird er von Vorgesetzten wegen dieser Aktion getadelt, doch der „Judenhefter", in dem er alle Denunziationen sammelt, bleibt von der Intervention „von oben" unberührt.[42]

Im besagten Jahr erreichen die Schikanen und der Terror eine neue Qualität. Sowohl auf Reichsebene als auch in Chemnitz verstärkt sich der Druck auf die nunmehr 2.069 Juden. Noch geht es nicht um einen Genozid, sondern „bloß" um Diskriminierung und Vertreibung, aber die soziale, psychische und ökonomische Situation ist bereits in einem Zustand, der sich nach menschlichem Ermessen schwerlich verschlechtern kann. Die Enteignung jüdischen

---

40 StAC, 30874, 746.
41 Vgl. Diamant, Chronik der Juden in Chemnitz, S. 22, 79–84, 115–123.
42 Ebd., S. 126–128. Vgl. neuerdings auch Nitsche/Röcher (Hg.), Juden in Chemnitz.

Besitzes und Vermögens verläuft bis dahin weitgehend ungeregelt, die Gewalt kann sich ohne Einhegung durch die Verwaltung ungehindert entfalten. Am 26. April 1938 tritt die „Verordnung über den Einsatz des jüdischen Vermögens" in Kraft, die den Prozess in rechtsförmige Verfahren leitet. Es ist ein ambivalenter Vorgang, denn mit der Einverleibung durch die Verwaltung wird zwar die ungeregelte Gewalt zurückgedrängt, zugleich aber geht man einen weiteren Schritt in Richtung industriellem Massenmord. Noch stehen allerdings die ökonomischen Motive der Nazis im Vordergrund. „Zu Spottpreisen wurden [nach der Verordnung von 1938] die jüdischen Unternehmen ,arisiert'."[43] Linse erläutert in einer Aktennotiz vom 12. Januar 1944 den Unterschied. Vor 1938 „stand es im Belieben eines Juden, Grundstücke, Betriebe, die in seinem Eigentum standen, zu veräußern und die Bedingungen, unter denen er die Veräußerung durchführte, wurden zwischen ihm und dem Käufer ausgehandelt, [...] sofern die Bestimmungen über den Preisstop [...] beachtet" wurden. Nach diesem Datum wird die IHK mit den „Entjudungsverfahren" befasst, wenn es sich bei den in Frage kommenden Firmen um Gewerbebetriebe handelt. Und seit September 1938 fällt diese Aufgabe in Linses Zuständigkeitsbereich.[44]

Hat es beim Amtsantritt Linses bei der IHK schon schlecht um die Chemnitzer Juden gestanden – für manche unter ihnen kommt es noch schlimmer. Im Oktober 1938 entzieht Polen den in Deutschland lebenden polnischen Juden die Staatsbürgerschaft. Am 27. Oktober gibt der sächsische Innenminister den Befehl zu ihrer Ausweisung. Tags darauf schwärmt die Polizei mit ihren Helfershelfern aus, um sie zu verhaften. In einer Nacht-und-Nebel-Aktion ergreift man 78 Prozent von ihnen, arretiert sie in „Baum's Ballsälen", treibt sie am Abend in Züge und verschleppt sie ins Niemandsland bei Beuthen (Oberschlesien). Dort müssen sie tagelang auf offenem Gelände und unter erbärmlichen Umständen campieren, weil die polnischen Behörden den 318 Unglücklichen die Einreise mehrere Tage lang verweigern.[45]

Und dann folgt der 9. November, der auch in Chemnitz seine deutlichen Spuren hinterlässt. Wie im gesamten Reich klirren in der „Reichskristallnacht" Schaufensterscheiben von Geschäften jüdischer Inhaber, ziehen SA-Männer auf, werden prominente Juden verhaftet, wird die Synagoge, ein neoromanischer Kuppelbau auf dem Kassberg, in Brand gesteckt. Die verhafteten Prominenten karrt man zur Synagoge, wo sie mit ansehen müssen, wie Feuer gelegt wird. Dann werden sie zurück ins Gefängnis gebracht und misshandelt. An der Brandstelle trifft zwar die Feuerwehr ein, unternimmt aber nichts. Am nächsten Tag rauchen die Trümmer noch. „Der Morgen des 10. November 1938 dämmerte herauf. Die Straßen füllen sich mit Menschen, die ihrer Arbeitsstätte zustreben. In der Innenstadt bietet sich ein ungewöhnliches Bild. Geschäfte mit zertrümmerten Schaufensterscheiben und geplünderten Auslagen. Davor, wie

---

43 Kreschnak, Die Verfolgung der Juden in Chemnitz während der faschistischen Diktatur, S. 34.
44 StAC, 30874, 746. Zu „Arisierungen" vor 1938 vgl. auch Autorenkollektiv, Karl-Marx-Stadt, S. 183 f.
45 Diamant, Chronik der Juden in Chemnitz, S. 129.

zum Hohn Wachen postiert, die Plünderer in der braunen Uniform von Hitlers Sturmabteilungen (SA). Über dem Kassberg steigen dunkle Rauchwolken zum Himmel. Die prachtvolle Synagoge, der jüdische Tempel brennt. Hier sind es die Brandstifter, die die Brandstelle absperren. Dass die Feuerwehr nicht löscht, sondern noch Benzin in das Feuer gießt, bemerken selbst die Oberschüler, die auf dem Weg zur Schule stehen geblieben sind."[46] Bald darauf wird die Ruine gesprengt und bis zum 20. November abgetragen. Die jüdische Gemeinde muss für die Kosten von 35.000 RM aufkommen.[47]

Linse können die Schikanen, Repressalien und Übergriffe nicht verborgen geblieben sein. Was er davon hält, wissen wir nicht. Überliefert ist nur, das zeigen die Akten deutlich, dass er trotz alledem seinen „Job" erledigte, nämlich im Auftrag der IHK die „Arisierung" der Chemnitzer Geschäftswelt zu begleiten.

Beispielsweise das Geschäft von Samuel Nußberg: Ende November 1938 erreicht Linse die Anfrage eines Geschäftsmannes aus Oberlungwitz, was denn mit der Firma Nußbergs geschehen solle, und Linse antwortet, dass sie voraussichtlich liquidiert werden würde. Wenige Tage später geht bei der IHK die Meldung des Polizeipräsidenten zu Chemnitz, Ausländeramt, ein, dass der „polnische Jude Samuel Nußberg [...] am 28. Oktober 1938 auf Anweisung des Reichsinnenministeriums nach Polen abgeschoben worden" ist. Er habe einen Bevollmächtigten benannt, der in den entsiegelten Geschäftsräumen das Geschäft weiterbetreiben könne. Aktiv wird die IHK (allerdings nicht Linse) wieder am 31. Dezember 1938, als sie dem Kreishauptmann zu Chemnitz über Nußbergs verbliebenes Vermögen berichtet und einen Liquidator vorschlägt, der seine Arbeit bis zum 15. Februar 1939 erledigen solle. Linse taucht wenige Tage später wieder in den Akten auf. Er informiert am 5. Januar den Geschäftsmann aus Oberlungwitz über den Stand der Dinge. Doch das Verfahren scheint sich etwas zu verzögern. Am 17. April meldet der Polizeipräsident der IHK, dass und wo sich Nußberg „vorübergehend zur Auflösung seines Geschäftes und seiner Wohnung" in Chemnitz aufhält. Zehn Tage später wendet sich Linse direkt an den Betroffenen und bittet um ein Gespräch. Den Inhalt von Nußbergs Aussage hält er in einer Aktennotiz vom 16. Mai fest: „Ich bin ein polnischer Staatsangehöriger und habe zum Zwecke der Abwicklung meines Gewerbebetriebes Einreisegenehmigung bis 19. Mai 1939 erhalten. Ich habe zuletzt nur noch Strumpfgroßhandel betrieben. Der Wert des Warenlagers, das ich bei meiner Rückkehr aus Polen vorfand, betrug etwa RM 12.000.–. Das Warenlager ist inzwischen restlos verkauft worden. Irgendwelche Hilfskräfte werden nicht mehr beschäftigt. Die Geschäftsräume sind bereits seit längerer Zeit geräumt. Ich habe meine sämtlichen Verbindlichkeiten bezahlen können. Nach Bezahlung aller Steuerschulden usw. ist mir ein Überschuss in Höhe von RM 30.000.-- geblieben."' Am 13. Juni erfolgt dann noch die Anfrage Linses bei der Polizei, ob Nußberg wieder ausgereist sei. Das Polizeipräsidium bestätigt, dass die Ausreise nach Krakau am 19. Mai erfolgt sei.[48]

---

46 Ebd., S. 135.
47 Ebd.
48 StAC, 30874, 695.

Es finden sich weitere Vorgänge dieser Art mit Linses Paraphe, seiner Kurzbezeichnung oder Unterschrift in den Akten der IHK. Jüdische Geschäftsleute kehren nach ihrer Vertreibung nach Chemnitz zurück, um die Reste ihrer Unternehmen zu liquidieren. Der Polizeipräsident übernimmt die ausländerrechtliche Überwachung des Betreffenden, und die IHK unterstützt das Vorgehen, indem sie Liquidatoren benennt und den Betroffenen zur Sache anhört. Gutachter werden bestellt, Rechtsfragen und Zuständigkeiten geklärt.[49] Was in Linse vorgeht, sieht man den Akten natürlich nicht an. Auch wenn man unterstellt, dass er bei seiner Arbeit Skrupel hatte oder Gewissensbisse, so war er doch Teil des Verfolgungsapparats. Er konnte sehen, was geschah, und er hat nicht Nein gesagt.

3. Kontroverse mit einem SS-Mann

Bevor man den Stab über Linse bricht, muss man sich vergegenwärtigen, dass es gefährlich sein konnte, der Diktatur in irgendeiner Weise aufzufallen. Linse weiß das, er ist vorsichtig, er exponiert sich nicht. Dazu ist er viel zu klug. Und wenn er doch einmal gezwungen wird, Farbe zu bekennen, dann sichert er sich gründlich ab, wie aus einer Aktennotiz deutlich wird.[50] Bei einer Besprechung am 22. November 1944 kommt es zu einem Wortwechsel zwischen einem Nazi-Funktionär und Linse. An dem Treffen nehmen unter anderen Vertreter des Arbeitsamtes Chemnitz, der Kreisleitung Chemnitz, des Rüstungskommandos Chemnitz, der Handwerkskammer, der Staatspolizeileitstelle Chemnitz und der IHK Chemnitz, die durch Linse vertreten wird, teil. Auf der Tagesordnung steht der „Arbeitseinsatz der jüdischen Mischlinge 1. Grades und der jüdisch Versippten". Die anwesenden Bürokraten erörtern den Umgang mit Einsprüchen von Firmen, deren halbjüdische Mitarbeiter von den Behörden zu anderen Tätigkeiten gezwungen werden sollen. Denn kaufmännische Berufe dürfen die Betroffenen nicht mehr ausüben, weil sie „Halbjuden" oder „versippt" sind, sondern sie sollen „körperliche Arbeit verrichten". Sofern sie in Rüstungsbetrieben körperlicher Arbeit nachgehen, sollen sie an anderer Stelle eingesetzt werden. Die Teilnehmer erörtern die Frage, welchen Weg der Widerspruch eines Unternehmens, das von einer diesbezüglichen Anordnung betroffen ist, zu nehmen hat.

Das Sitzungsprotokoll lässt den Rahmen erkennen, in dem sich Linses Tätigkeit abspielt: Er ist als Mitarbeiter der IHK Teil der staatlichen Verwaltung, die die Juden und andere zu Staats- und Volksfeinden erklärte Personengruppen Stück für Stück aus dem „Universum der Verpflichtung" (Helen Fein) hinausdrängt, um auf diese Weise das notwendige gesellschaftliche Klima für den Völkermord zu schaffen. Zur Debatte steht, erneut, noch nicht die Vernichtung, aber man befindet sich bereits im Vorbereitungsstadium. Das Arrangement ist

---

49 Weitere Fälle sind in StAC, 30874, 695 und 712 dokumentiert.
50 StAC, 30874, 746.

so gehalten, dass Linse und die anderen mit denselben Problemen zu kämpfen haben, die innerhalb und zwischen einzelnen Behörden auftauchen können: Man streitet sich um Zuständigkeiten und Befugnisse und versucht auch, die politischen Vorgaben möglichst „rational" umzusetzen. Über die Auseinandersetzungen zwischen den verschiedenen Behörden – hier: Selbstverwaltung der Industrie, Polizei, Arbeitsamt und Partei – können die Beteiligten dann systematisch verdrängen, dass es inhaltlich um die Entrechtung von Menschen geht.

Über diese allgemeinen Umstände hinaus ist der Wortwechsel zwischen Kreishauptamtsleiter Anacker und Linse bemerkenswert. Nach Darstellung Linses platzte Anacker verspätet in die Sitzung, „erbat sofort das Wort" und polterte „in dem scharfen Ton, der ihm eigen ist," los: dass es ihm unerklärlich sei, dass Firmen sich gegen den anderweitigen Einsatz ihrer zum betreffenden Personenkreis gehörenden Angestellten wehren könnten, und dass eine Behörde gegen eine solche Anordnung einer anderen Behörde auch noch Einspruch einlegen könne. „Wenn die Kammer [IHK] einen solchen Einspruch eingelegt habe [...], müsse er annehmen, dass sie Juden schützen wolle. [...] Er verstehe überhaupt nicht, wie man wegen des aus staatspolizeilichen Sicherheitsgründen dringend notwendigen anderweitigen Einsatzes von Mischlingen noch großes Aufheben machen könne. Wenn es nach ihm gänge, müssten die Mischlinge einfach an die Wand gestellt und erschossen werden." SS-Hauptsturmführer Schermer bekundete „seine vorbehaltlose Zustimmung in auffallender Weise durch lebhaftes Kopfnicken".

Ein Frontalangriff auf Linse und die IHK aus dem Munde eines leitenden SS-Mannes – das kann gefährlich werden! Die Rote Armee steht bereits an der Weichsel, die Wehrmacht ist auf dem Rückzug. Der Krieg beherrscht das ganze Leben. Das Regime erhöht die Repressionen gegen die Bevölkerung. Das Spitzel- und Denunziantentum blüht. In dieser Lage von einem SS-Mann vor Zeugen angegangen zu werden, verlangt eine entschiedene Reaktion. Hier geht es womöglich um mehr als die Ehre der Kammer. Linse streitet nichts ab, ist aber darum bemüht, die verzerrte Darstellung Anackers gerade zu rücken. Er argumentiert zunächst zweckrational. „Ich habe in meiner Erwiderung zunächst klargestellt, dass die Kammer *von sich aus* in keinem einzigen Falle Einspruch eingelegt hat. Sie hat lediglich in 3 Fällen [...] Einsprüche von Firmen befürwortet, weil sie bei einer *rein wirtschaftlichen Beurteilung* – wie sie der Aufgabenstellung der Kammer entspricht – der Überzeugung gewesen ist, dass die anderweitig einzusetzenden Mischlinge dieser Firmen für die Kriegswirtschaft mit weitaus größerem Nutzen tätig sind, wenn sie in ihrer bisherigen Stellung verbleiben, [...] weil bei den genannten Firmen im Falle des vorgesehenen Einsatzes außerdem tatsächliche Lücken gerissen werden, die mangels innerbetrieblicher Ausgleichsmöglichkeit und angesichts der Unmöglichkeit, geeignete Arbeitskräfte zur Verfügung zu stellen, zum Schaden der Kriegswirtschaft einfach nicht geschlossen werden können." Und fügt hinzu, als sei er sich der Überzeugungskraft seiner Argumente nicht sicher: „Mit betonter Entschiedenheit, wie sie mir gegenüber dem Tone des Herrn Kreishauptamtsleiters Anacker geboten schien, stellte ich weiterhin fest, dass sich die Kammer bei ihrer Befürwortung in den erwähnten 3 Fällen von Anfang an in vollständiger Übereinstimmung mit der Kreisleitung Chemnitz befunden habe und dass ich sehr dringend ersuchen müsse, nicht zu übersehen, dass Herr Handelskammerpräsident Schöne zugleich Kreisleiter sei."

Ob Linse Anacker und Schermer überzeugt hat, ist ungewiss. Anacker lässt – laut Protokoll – keine Gefühlsregung erkennen. In der Sache jedoch, anlässlich derer der SS-Mann losgepoltert hat, muss Linse zurückstecken. Linse widerspricht im Verlauf der Beratung im Namen der IHK nun ebenfalls den Einsprüchen der drei Firmen und entscheidet sich – gemäß der Richtlinien – gegen die Betroffenen.

Hat sich die IHK, hat sich Linse während der NS-Diktatur schützend vor Juden gestellt? Folgt man Linses Ausführungen, so hat Anacker seinen Vorwurf im Verlauf der Besprechung nicht nur nicht wiederholt, sondern sich sogar – unbewusst – selbst widersprochen. Aber warum hat Linse diese Begebenheit in aller Ausführlichkeit für die Akten festgehalten? Zweifelsfrei wollte er ein Beweisstück schaffen, das irgendwann einmal zu seinen Gunsten herangezogen werden kann. Der Vorwurf, er würde Juden schützen, musste widerlegt werden. Linse muss an die Nazis als Adressaten gedacht haben, denn von einem Nazi wurde der Vorwurf geäußert, und was nach einem Zusammenbruch oder Endsieg der Diktatur kommen würde, war ja vollkommen ungewiss. Doch zugleich produzierte er ein Papier, bei dessen Lektüre man sich fragt, ob an den Vorwürfen Anackers vielleicht doch etwas dran gewesen sein könnte, ob Linse vielleicht doch – auf seine spezielle Art – Widerstand gegen das Regime geleistet haben könnte. Das Schriftstück gibt keine eindeutige Antwort.

4. Die Sache mit Gilel Reiter

Noch bemerkenswerter als die Überlieferung des genannten Vorfalls ist indes der Aktenbestand, der Linses Korrespondenz und Aktennotizen in der Angelegenheit des jüdischen Patentingenieurs Gilel Reiter enthält.[51] Reiter wird 1878 in Cherson (Herson) an der Mündung des Dnjepr geboren, das seinerzeit zu Russland, heute zur Ukraine gehört. Der junge Reiter zieht nach Odessa, um „nach 1900" an der TH Darmstadt und in Heidelberg zu studieren. Nach einer Zwischenstation in Altona bei Hamburg siedelt er vor Ausbruch des Ersten Weltkriegs nach Siegmar bei Chemnitz, wenig später nach Chemnitz selbst. Zunächst ist er als Angestellter in der Industrie tätig, gründet jedoch ein eigenes Patentbüro, in dem er unter anderem ein Messgerät entwickelt, das er 1935 als „Gonioindikator" zum Patent anmeldet. In der „Reichskristallnacht" wird er verhaftet, in das KZ Buchenwald gebracht, schwer misshandelt und Ende November wieder freigelassen. 1939 muss Reiter sein Patentbüro aufgeben, ein Treuhänder wird mit der Abwicklung beauftragt. Der Ausbruch des Zweiten Weltkriegs verhindert die Ausweisung des Staatenlosen. 1942 wird die Familie

51 StAC, 30874, 699. Ich danke Herrn Jürgen Nitsche, Chemnitz, der mich auf den Vorgang aufmerksam gemacht hat.

Reiter aus ihrer Wohnung vertrieben und findet Unterschlupf im „Judenhaus".
1944 verschlechtert sich Reiters Gesundheitszustand, der durch die Misshand-
lungen in Buchenwald angegriffen ist. Die Aufnahme in ein Krankenhaus wird
abgelehnt, Reiter stirbt. Als eine der letzten wird seine Urne auf dem jüdischen
Friedhof in Chemnitz beigesetzt.[52]

Als im Februar 1939 die Anordnung des Chemnitzer Regierungspräsidenten
zur Abwicklung von Reiters Büro ergeht, tritt Linse auf den Plan. Wie in anderen Fällen auch beaufsichtigt er von seinem Schreibtisch aus das Verfahren
„zur einstweiligen Fortführung und Herbeiführung der Abwicklung des technischen und Patentbürobetriebes des Juden Gilel Reiter", für das der Regierungs-

*Im Zusammenhang mit der „Entjudung" der Chemnit-
zer Wirtschaft lernt Linse den Patentingenieur Gilel Reiter kennen. Das Bild zeigt Reiter mit seinen Söhnen
Samuel und Anatol um 1922; Privatbesitz Uriel Reiter.*

52 Nitsche/Röcher (Hg.), Juden in Chemnitz, S. 177 und 302.

präsident am 25. Februar 1939 den Kaufmann Ernst Arthur Sieben-Haussen zum Treuhänder beruft. Sieben-Haussen soll monatlich über den Stand des Verfahrens berichten, schreibt der Regierungspräsident, und bis zum 15. Juni seinen abschließenden Bericht eingesendet haben. Die IHK, die Devisenstelle, die Zollfahndungsstelle, das Finanzamt, der Kreiswirtschaftsberater der NSDAP und die Kreisleitung der NSDAP – sie alle erhalten Kenntnis von dem Verfahren. Also nimmt Sieben-Haussen seine Arbeit auf und berichtet im Folgenden getreulich – jeweils mit Kopie an den zuständigen Sachbearbeiter bei der IHK, Linse – über den Fortgang des Verfahrens und stellt die ihm entstandenen Kosten in Rechnung, die der Inhaber, also Reiter, zu tragen hat. Zu diesem Zeitpunkt deutet nichts darauf hin, dass es sich um ein außergewöhnliches Verfahren handeln könnte, und doch erstreckt es sich bis in das Todesjahr Reiters, 1944.

Bereits am 4. März 1939 spricht Sieben-Haussen das erste Mal bei Linse vor. Über den Inhalt des Gesprächs ist nur bekannt, dass man sich für den 9. März erneut verabredet, diesmal in der Gegenwart Reiters und seines Partners. Das Ingenieurbüro abzuwickeln, ist einfach, denn es besteht de facto nur noch auf dem Papier. Im Zentrum der Bemühungen steht die Vermarktung des Reichspatents, das Reiters Partner, ein „Arier", wie Sieben-Haussen dem Regierungspräsidenten am 8. März schreibt, finanziert hat und an dem er beteiligt ist. Der Treuhänder hält große Stücke auf Reiters Erfindung und versucht, auch seinen Auftraggeber zu überzeugen. „Dieser Teilapparat ist deshalb als eine für die Feinmechanik wichtige Erfindung zu betrachten. Andererseits scheint seine Verwertung für artilleristische Einrichtungen und Messungen gegeben!" Und weil das so vielversprechend aussieht, meint er, könne man den Wunsch Reiters nicht nach bloßem Verkauf, sondern weiterer Vermarktung zumindest prüfen.

In der Besprechung zwischen Linse, Sieben-Haussen, Reiter und seinem Partner wird das strategische Vorgehen beraten. Linse hält die Grundzüge in einer Aktennotiz fest. An die Kinder aus Reiters zweiter Ehe „mit einer Arierin" kann das Patent „auf Grund des letzten Geheimerlasses" nicht übertragen werden. Statt dessen will man mit verschiedenen Firmen verhandeln, und Linse will Kontakt zur Wehrmacht aufnehmen. Die gemeinsame Stoßrichtung ist dieselbe, die Sieben-Haussen bereits gegenüber dem Regierungspräsidenten angedeutet hat: Die Vermarktungsperspektiven von Reiters Gonioindikator, auch die Möglichkeiten eines Einsatzes in kriegsrelevanten Bereichen, sind günstig, erfordern allerdings einen langen Atem aller Beteiligten. Denn selbst wenn die Vermarktung gelingt, so ist mit einer langwierigen Einarbeitungszeit derjenigen, die das Gerät bedienen, zu rechnen, und die betreffende Firma wird „noch etwa ein Jahr lang seines [Reiters] Erfinderrates bedürfen".

Wenn man gehofft hat, mit dem geplanten Vorgehen Zeit zu gewinnen, dann scheint die Strategie aufzugehen. Am 12. Juni wird die Frist zum ersten Mal verlängert, bis zum 31. August. Sieben-Haussen berichtet weiter. Im November kommt Bewegung in die Angelegenheit, weil Sieben-Haussen und Reiter darangehen, „eine frühere Erfindung Reiters [...], eine größere Kalibermaschine" zu verwerten, wie er gegenüber Linse angibt, der das Gespräch in einer Notiz aktenkundig macht. Sieben-Haussen macht auf die prekäre finanzielle Lage

Reiters aufmerksam, der auf Almosen der jüdischen Gemeinde angewiesen ist, und gibt zu Bedenken, dass seine Tätigkeit als Abwickler aus dem zu erwartenden Erlös honoriert werden könnte. Ob man ihm nicht noch eine Betriebsabwicklung übertragen könne, „da er in der vorliegenden Sache befürchten müsse, für seine Tätigkeit nicht oder nicht hinreichend entschädigt zu werden." Linse sichert „wohlwollende Prüfung" seiner Bitte zu.

Letztlich scheitert die Verwertung der Kalibermaschine jedoch. Die Vermarktung des Gonioindikators geht allerdings weiter, und die Frist wird deshalb immer wieder verlängert. Linses Rolle in dem Verfahren scheint darin zu bestehen, zu Sieben-Haussens Anträgen auf Fristverlängerung Gutachten, wie etwa am 19. Juli 1940, mit folgenden Bewertungen zu schreiben: „So misslich es für alle am Entjudungsverfahren beteiligten Behörden und Stellen zweifellos ist, wenn die von allen gewünschte Feststellung, dass die Wirtschaft des Chemnitzer Regierungsbezirkes judenfrei ist, an der niemand zur Last zu liegenden Unverwertbarkeit des Patentes scheitern soll, so kann man u.E. doch nicht um die Notwendigkeit herum, dem Abwickler Sieben-Haussen die Frist zur Herbeiführung der ihm aufgegebenen Abwicklung zu verlängern."

Und Sieben-Haussen müht sich weiter redlich, wenn man seinen Abrechnungen und Berichten Glauben schenken darf. Sämtliche Ausgaben müssen vom Regierungspräsidenten nachträglich genehmigt werden. In seinem Bericht vom 13. November 1940 gibt er an, dass er 147 Stunden für den Auftrag aufbringen musste; Reiter selbst ist nach Hamburg, Bremen, Lübeck, Flensburg und Berlin gereist. Desgleichen waren Sonderzahlungen an Reiters Frau für „ein Winterkleid und Weihnachtsbeschaffungen" nötig. Der Kalibermesser, der seinen „wirtschaftlichen Wert für die deutsche Industrie immer mehr rechtfertigt", hat sich bis dato fünfmal verkauft, und die Bemühungen zur Verwertung des Patents gehen weiter. Eine neuerliche Fristverlängerung um drei Monate bis zum 21. März 1941 scheint angemessen.

Wie rührig und bemüht Sieben-Haussen ist, zeigt sein Schreiben vom selben Tage an den Polizeipräsidenten zu Chemnitz, in dem er um Aussetzung der Ausweisungsverfügung gegen Reiter bittet, „und zwar im Einvernehmen mit der Industrie- und Handelskammer zu Chemnitz". Wieder will Sieben-Haussen Zeit herausschlagen und Reiter ein vergleichsweise normales Leben ermöglichen. Andere Dienststellen – zufälligerweise die von Linse – sind ihm Kronzeugen für die besondere Wichtigkeit seines Anliegens. Außerdem verhandele er gerade mit sowjetischen Stellen, und das könne dauern, „– wie bei allen Russengeschäften"; die „Materialbeschaffungsschwierigkeiten" erleichterten aber die Verwertung der Erfindung nicht gerade, die doch „in immer weiteren Kreisen der deutschen Maschinenindustrie Beachtung und Anerkennung findet. [...] Herr Reiter hat und ist im Begriffe, die Maschine mit von ihm geschaffenen Sondereinrichtungen auszustatten, die deren Fabrikationswert steigern. Hierdurch ist seine Anwesenheit im Interesse der deutschen Wirtschaft begründet."

Ähnlich geht es auch im Jahr 1941 weiter. Sieben-Haussen und Linse bilden ein Team mit verteilten Aufgaben: Sieben-Haussen kümmert sich um Reiters Angelegenheiten, und Linse deckt seine Aktivitäten durch entsprechende Gutachten ab. Allerdings können die beiden Verschwörer nicht alles erreichen, was sie sich vorgenommen haben, und gelegentlich ahnt man, dass sie auf einem sehr schmalen Grat wandeln. So gelingt es Sieben-Haussen nicht, Reiter von der Pflicht befreien zu lassen, einen Davidstern zu tragen. „Solche Anträge", referiert Linse in einer Notiz für seinen Präsidenten, „sind bis jetzt immer abgelehnt worden und werden auch künftig ausnahmslos abgelehnt werden." Ganz erfolglos sind sie aber keinesfalls, denn die Inspektion durch eine Delegation der Wehrmacht bei einer Firma, die Reiters Lehrenbohrwerke einsetzt, hat ergeben, dass der festgestellte Fehler „vermieden worden wäre, wenn Reiter entsprechend seinem Ersuchen Gelegenheit gehabt hätte, diese Firma beim Bau des Lehrenbohrwerkes und bei seiner Prüfung vor Abnahme durch die Kommission des OKW laufend zu beraten". Auf Basis dieser Information vermutet Linse, dass Reiter „noch etwa 2 Monate" unabkömmlich sei und nach Ablauf dieser Frist zwei weitere Monate „gelegentlich" beratend tätig werden müsse. Damit hätte man erneut vier Monate Zeit gewonnen. Um einen möglicherweise aufkeimenden Verdacht zu zerstreuen, es könne nicht alles mit rechten Dingen zugehen, sichert Linse sein Vorgehen ab: „Ich möchte noch betonen, dass der Antrag auf Erteilung einer generellen Genehmigung, der der Kammer zur gutachtlichen Stellungnahme vorliegt, nicht von mir bezw. dem Juden Reiter ausgeht, sondern auf eine Anregung des Herrn Spitzner vom Polizeipräsidium Chemnitz zurückzuführen ist."

Zwei Schriftstücke aus dieser Zeit, also Oktober/November 1941, die sich inhaltlich auf die genannte Aktennotiz beziehen, werfen Fragen auf. Bei beiden handelt es sich um einen von Linse bearbeiteten Brief an den Polizeipräsidenten zu Chemnitz. Der erste ist auf einem Kopfbogen getippt, bereits mit der Unterschrift des Hauptgeschäftsführers versehen – und ungewöhnlicherweise zu den Akten gegeben worden. Die Unterschrift des Präsidenten fehlt ebenso wie das genaue Datum im Oktober; der Tag wird üblicherweise per Hand eingetragen. Im Brief wird der Sachstand zusammengefasst und mit einem recht knappen, eindeutigen Votum versehen: „Nach Auffassung der Kammer ist es daher aus den angeführten rüstungswirtschaftlichen wichtigen Gründen erforderlich, dass dem Juden Reiter Gelegenheit gegeben wird, beide Firmen zwecks technischer Beratung bei der Herstellung der Lehrenbohrwerke regelmäßig aufzusuchen. Die Frage, ob der Jude Reiter hinsichtlich der technischen Beratung der beiden Firmen künftig durch eine deutschblütige Kraft ersetzt werden kann, ist zu bejahen. Nach Ablauf einer gewissen Übergangszeit wird es einer entsprechend vorgebildeten und eingearbeiteten Kraft möglich sein, die bisher von Reiter ausgeübte Beratungstätigkeit zu übernehmen. Offen bleibt selbstverständlich die Frage, ob sich im Hinblick auf den gerade im Ingenieurberuf außerordentlich starken Mangel an Fachkräften eine solche Ersatzkraft finden wird."

Während dieses Schreiben redigiert und offensichtlich gar nicht abgeschickt worden ist, ist das zweite als rosafarbener Durchschlag auf Durchschlagpapier, versehen mit den Paraphen des Präsidenten, des Hauptgeschäftsführers und des Bearbeiters – also Linses – und mit handschriftlichem Eintrag des Tagesda-

INDUSTRIE- UND HANDELSKAMMER CHEMNITZ

Chemnitz 1, Bahnhofstraße 4, Schließfach Nr. 328 — Fernruf 41951 · Postscheckkonto: Leipzig 2643

An den

Herrn Polizeipräsident zu

C h e m n i t z

Ihr Zeichen:	Ihr Schreiben:	Unser Zeichen u. Sachbearbeiter: *)	Tag:
II 1	3.10.41	IIIe 116/41 Re Dr.Linse	Oktober 1941

Betrifft: Jude Gilel R e i t e r

Auf das Ersuchen vom 3.10.41 teilen wir folgendes mit:

Die Kammer ist von dem vom Herrn Regierungspräsident zu Chemnitz
zwecks Abwicklung des Ingenieurbüros des Juden Reiter eingesetzten
Treuhänder A. Sieben-Haussen über alle einzelnen Abwicklungsgeschäf-
te, insbesondere über die ~~Verwendung~~ der von Reiter konstruierten
Lehrenbohrwerke laufend unterrichtet worden. Auf Grund der dadurch
erlangten Sachkenntnisse kann zunächst bestätigt werden, daß - wie
auch Herr Regierungspräsident zu Chemnitz anerkannt hat - die Her-
stellung der Lehrenbohrwerke nach dem System Reiter durch die Firma
Strickmaschinenfabrik Richard Schmidt in Hohenstein-Er. und die
Firma C.A. Roscher Söhne in Mittweida im rüstungswirtschaftlichen
Interesse liegt, da mit Hilfe der Reiter'schen Lehrenbohrwerke
Lehren von feinster Präzision gebohrt und zudem Arbeitskräfte eingespart werden können. Fernerhin kann die Kammer auf Grund ihrer
Sachkenntnis bestätigen, daß die beiden genannten Firmen bei der
Herstellung der Lehrenbohrwerke ~~eine regelmäßige~~ technische Bera-
tung seitens des Juden Reiter nicht entbehren können, da die Techniker und Arbeiter beider Firmen mit der Kompliziertheit der Lehrenbohrwerke und den dadurch bedingten Schwierigkeiten in der Herstellung erst ~~nach längerer~~ Zeit vertraut werden können.

Nach Auffassung der Kammer ist es daher aus den angeführten rüstungswirtschaftlichen wichtigen Gründen erforderlich, daß dem
Juden Reiter Gelegenheit gegeben wird, beide Firmen zwecks tech-

b.wd.

*Von Linse aufgesetztes aber zurückgehaltenes Schreiben der Industrie- und
Handelskammer an den Polizeipräsidenten in Sachen Gilel Reiter; Staatsarchiv
Chemnitz, Bestand 30874, 699.*

nischer Beratung bei der Herstellung der Lehrenbohrwerke
regelmäßig aufzusuchen.

Die Frage, ob der Jude Reiter hinsichtlich der technischen
Beratung der beiden Firmen künftig durch eine deutschblütige
Kraft ersetzt werden kann, ist zu bejahen. Nach Ablauf einer
gewissen Übergangszeit wird es einer entsprechend vorgebildeten und eingearbeiteten Kraft möglich sein, die bisher von
Reiter ausgeübte Beratungstätigkeit zu übernehmen. Offen
bleibt selbstverständlich die Frage, ob sich im Hinblick auf
den gerade im Ingenieurberuf außerordentlich starken Mangel
an Fachkräften eine solche Ersatzkraft finden wird.

Heil Hitler!
Die Industrie- und Handelskammer

Präsident   Hauptgeschäftsführer.

An den

Herrn Polizeipräsident zu

C h e m n i t z

II 1   3.10.41   IIIe 116/41 Re Dr.Linse   6. November 1941

Jude Gilel R e i t e r

Auf das Ersuchen vom 3.10.41 teilen wir nach Abschluß unserer
Ermittlungen folgendes mit:

Die Kammer ist von dem vom Herrn Regierungspräsident zu Chemnitz
zwecks Abwicklung des Ingenieurbüros des Juden Reiter eingesetzten
Treuhänder A. Sieben-Haussen über alle einzelnen Abwicklungsge-
schäfte, insbesondere über die Herstellung und den Vertrieb der
von Reiter konstruierten Lehrenbohrwerke laufend unterrichtet worden. Auf Grund der dadurch erlangten Sachkenntnisse kann zunächst
bestätigt werden, daß - wie auch Herr Regierungspräsident zu
Chemnitz anerkannt hat - die Herstellung der Lehrenbohrwerke nach
dem System Reiter durch die Firma Strickmaschinenfabrik Richard
Schmidt in Hohenstein-Er. und die Firma C.A. Roscher Söhne in
Mittweida im rüstungswirtschaftlichen Interesse liegt, da mit Hilfe
der Reiter'schen Lehrenbohrwerke Lehren von feinster Präzision
gebohrt und zudem Arbeitskräfte eingespart werden können. Fernerhin kann die Kammer auf Grund ihrer Sachkenntnis bestätigen, daß
die beiden genannten Firmen bei der Herstellung der Lehrenbohrwerke die technische Beratung seitens des Juden Reiter nicht entbehren können, da die Techniker und Arbeiter beider Firmen mit der
Kompliziertheit der Lehrenbohrwerke und den dadurch bedingten
Schwierigkeiten in der Herstellung erst im Laufe der Zeit vertraut
werden können.

Die technische Beratung durch Reiter ist also nicht <u>dauernd</u>, sondern nur für eine gewisse Übergangszeit erforderlich. Der Treu-

- 2 -

*Von Linse aufgesetztes und tatsächlich abgeschicktes Schreiben der Industrie-
und Handelskammer an den Polizeipräsidenten in Sachen Gilel Reiter;
Staatsarchiv Chemnitz, Bestand 30874, 699.*

34

händer Sieben-Haussen, der mit den leitenden technischen Angestellten beider Firmen die Frage, wielange eine laufende technische
Beratung durch Reiter erforderlich ist, erörtert hat, ist der
Meinung, daß eine Übergangszeit von 2 Monaten ausreichend erscheint.
Die von Reiter erbetene generelle Genehmigung wäre also auf die
Dauer von 2 Monaten zu beschränken. Nach Ablauf dieser 2 Monate
sind nur noch gelegentliche Besuche in Hohenstein-Er. bzw. Mittweida erforderlich. Die Genehmigung zu diesen vereinzelten Fahrten
nach den genannten Orten wäre dann von Fall zu Fall nach Überprüfung der Notwendigkeit einer technischer Beratung zu erteilen.

Aus vorstehenden Ausführungen ergibt sich weiterhin, daß die
Frage, ob der Jude Reiter hinsichtlich der technischen Beratung
der beiden Firmen künftig durch eine deutschblütige Kraft ersetzt
werden kann, zu bejahen ist. Im Laufe der Zeit wird es einer entsprechend vorgebildeten und eingearbeiteten Kraft möglich sein,
die bisher von Reiter ausgeübte Beratungstätigkeit zu übernehmen.
Nach Auffassung der Kammer erscheint es zweckmäßig, den Treuhänder
Sieben-Haussen bereits jetzt zu veranlassen, eine geeignete Kraft
ausfindig zu machen und in die Beratungstätigkeit Reiter's einzuarbeiten. Sobald eine solche Ersatzkraft gefunden worden ist und
sich mit den in Frage stehenden technischen Fragen vertraut gemacht
hat, könnte dann im Benehmen mit ihr festgestellt werden, wann auf
die Beratungstätigkeit Reiter's überhaupt verzichtet werden kann.

Heil Hitler!
Die Industrie- und Handelskammer

Präsident   Hauptgeschäftsführer.

tums – des 6. Novembers –, erhalten. In diesem Schreiben, das ganz offensichtlich die IHK verlassen hat, sind substantielle Änderungen vorgenommen worden. Der erste Absatz bleibt weitgehend unverändert. Der zweite indes verliert gegenüber der ersten Version an Eindeutigkeit, seine Aussagen werden diffuser, suggestiver. Hier heißt es nun, dass Reiters beratende Anwesenheit *nicht dauernd*, sondern nur für eine gewisse Übergangszeit erforderlich" sei. „Der Treuhänder Sieben-Haussen [...] ist der Meinung, dass eine Übergangszeit von 2 Monaten ausreichend erscheint. Die von Reiter erbetene generelle Genehmigung wäre also auf die Dauer von 2 Monaten zu beschränken. Nach Ablauf dieser 2 Monate sind nur noch gelegentliche Besuche [...] erforderlich." Erneut bejaht man langfristig die Ersetzung Reiters „durch eine deutschblütige Kraft". „Nach Auffassung der Kammer erscheint es zweckmäßig, den Treuhänder Sieben-Haussen bereits jetzt zu veranlassen, eine geeignete Kraft ausfindig zu machen und in die Beratungstätigkeit Reiters einzuarbeiten. Sobald eine solche Ersatzkraft gefunden worden ist und sich mit den in Frage stehenden technischen Fragen vertraut gemacht hat, könnte dann im Benehmen mit ihr festgestellt werden, wann auf die Beratungstätigkeit Reiters überhaupt verzichtet werden kann. Heil Hitler!"

1942 kommt es in der Sache zu einer neuen Wendung, als Reiter und Sieben-Haussen einen Vertrag über die Verwertung der Lehrenbohrwerke abschließen. Wieder tritt Linse als Gutachter für den Regierungspräsidenten in Erscheinung, und wieder versucht er, ihn von dem großen Interesse der Wirtschaft an Reiters Lehrenbohrwerk, „das [...] eine stetig zunehmende Steigerung erfährt, je mehr die in Betracht kommenden Industriekreise die Vorteile [...] in Erfahrung bringen", zu überzeugen. Ostentativ kritisiert Linse den Vertrag, weil durch ihn Sieben-Haussen und Reiter „zumindest theoretisch unbegrenzt" miteinander verbunden werden und deshalb das Büro Reiters nicht wie gewünscht aufgelöst werden kann. Aber, gibt Linse zu Protokoll, angesichts der unklaren Verwertungschancen in der durch den Krieg beeinträchtigten Wirtschaft ist die gefundene Lösung akzeptabel. Und dann weist er auf die Schwierigkeiten und Implikationen des Vertrags hin, die er jedoch mit Hinweis auf die Rechtslage rechtfertigt und die im Ergebnis die beiden Vertragsparteien noch fester aneinander bindet. So vertrackt ist die Angelegenheit inzwischen geworden, dass sie gar nicht mehr richtig im Sinne der Diktatur „gelöst" werden kann, dass Linse sich sogar scheinheilig die Hoffnung zu äußern erlauben kann, „dass die bereits seit langer Zeit anhängige Abwicklung [von Reiters Patentbüro] endlich einmal zu einem Ende kommt und dass dieses Interesse gegenüber das erwähnte formaljuristische Bedenken zurücktreten möchte."

Und wieder geht die Strategie auf, und auch der Kreiswirtschaftsberater der NSDAP schließt sich inhaltlich Linses Gutachten „voll und ganz" an. Offensichtlich sind die vorgetragenen Argumente, die in der Konsequenz dazu führen, dass Reiter weiterarbeiten kann und nicht in ein KZ deportiert wird, so überzeugend, dass Sachbearbeiter Weinhold von der NS-Kreisleitung Chemnitz am 8. April 1942 nur verzweifelt vorschlagen kann, „den Juden Gilel Reiter besonders scharf zu beobachten. Unter Umständen lässt er sich einmal etwas zuschulden kommen, was einer endgültigen Regelung der Angelegenheit dann förderlich sein kann."

Die Umstände sind Reiter auch weiterhin – relativ – günstig. Einer Aktennotiz Linses vom 30. Juli 1942 ist zu entnehmen, dass, wie Sieben-Haussen berichtet hat, Reiters Lehrenbohrwerk inzwischen in großer Zahl im Einsatz ist und weiterentwickelt werden soll. Erneut ist Reiters Expertise verlangt. Seine Kenntnisse und der allgemeine Ingenieurmangel machen ihn unabkömmlich. In einem Gutachten für den Polizeipräsidenten hält Linse die erneute Verlängerung der Einreisegenehmigung für notwendig. „Wir stellen anheim, diese Dauerreisegenehmigung zunächst auf 3 Monate zu befristen, damit nach Ablauf dieser Frist die Möglichkeit einer Ablösung der Beratungstätigkeit Reiters durch eine deutschblütige Kraft erneut geprüft werden kann."

Im selben Jahr gehen Linse und Sieben-Haussen sogar noch einen Schritt weiter. Sie vereinbaren, zu versuchen, Reiter als Dolmetscher für die in den Industriebetrieben eingesetzten russischsprachigen Zwangsarbeiter zu beschäftigen, obwohl das eigentlich nicht zulässig ist. Linse berät sich mit der Gestapo, die nichts gegen den Vorschlag einzuwenden hat, wie Linse am 23. September 1942 dem Arbeitsamt mitteilt, „sofern sich seine Dolmetschertätigkeit auf das Anlernen von Ostarbeiter, auf ihre technische Beratung usw. erstreckt." Jetzt allerdings beißen sie auf Granit, das Arbeitsamt weist das Ansinnen zurück.

Ansonsten aber geht es auch im folgenden Jahr weiter wie beschrieben. Am 1. Februar 1943 bittet Linse wieder um eine dreimonatige Fristverlängerung für Reiter mit den immergleichen vorsichtig formulierten Argumenten. „Bei dieser Sachlage wird man nach Auffassung der Kammer wiederum nicht umhin können, dem Antrag stattzugeben. Um die weitere Entwicklung der Angelegenheit verfolgen zu können, bitten wir, auch gegenüber dem neuen Gesuch, die Dauergenehmigung auf 3 Monate zu befristen." So gelingt es Linse und Sieben-Haussen, Reiter mehrere Jahre vor dem KZ und der sicheren Ermordung zu bewahren. Am Ende scheitert das Vorhaben jedoch an einem Umstand, den sie nicht beeinflussen können: Reiters Tod am 18. Februar 1944.

Walter Linse hat „mitgemacht". Er hat an der Arisierung der Chemnitzer Wirtschaft mitgewirkt, indem er Gutachten schrieb, externe Gutachter auswählte, die Betroffenen anhörte („Es erscheint der Jude XY und erklärt: ..."), sich mit anderen Behördenvertretern ins Benehmen setzte und dergleichen mehr. Das Urteil mag hart klingen, aber durch seine Funktion als Referent in der IHK, durch sein nüchternes Mittun, durch seine juristische Expertise wirkt er mittelbar, ohne je selbst einem Juden auch nur ein Haar zu krümmen, an ihrer Verfolgung und Entrechtung mit. Die spätere Vernichtung des europäischen Judentums war ja nicht das Werk sadistischer Folterknechte, sondern erforderte ein reibungsloses Zusammenwirken zahlreicher Stellen, die jeweils auf ihrem Feld an dem Verbrechen mitwirkten, indem sie immer nur nüchtern die ihnen gestellten Aufgaben erledigten.

So wenig man um dieses Urteil herumkommt, so sehr hat Linse aber auch Anspruch auf eine differenzierte Bewertung seiner Tätigkeit. Man kann nämlich ebenfalls nicht umhin, anzuerkennen, dass er sich dem Regime zu entziehen versucht hat, so gut es ging. Undeutlich sind die Anzeichen, doch sie sind vorhanden. Linse war vorsichtig; er versteckte sich hinter „objektiven" Aussagen, eine Methode, die er in seinem Jurastudium gelernt hatte und die ihm nun, unter den Bedingungen der Diktatur, zupass kam. Insbesondere die Akte zum Fall Gilel Reiter enthält so viele in diese Richtung weisende Indizien, dass man Linses Verhalten im Nationalsozialismus summarisch – bei aller Kritik – positiv bewerten kann: Er hat inmitten der moralischen Vergiftung, die die Deutschen durch die Nazis erlitten hatten, seine Integrität bewahren können und hat Sieben-Haussen dabei geholfen, ein Menschenleben zu retten.

Jahre später taucht zudem noch eine entlastende Zeugenaussage auf, die die Vermutung stützt, dass Linse Reiter geschützt hat. Es ist der Brief eines in Manchester lebenden Deutschen an Adenauer, der Monate nach der Verschleppung Linses schreiben wird: „Vor dem Kriege lebte ich mit meinem Freund Alfred A. in Chemnitz [...]. Nach der Glasnacht wurde mein Freund als Angehöriger der jüdischen Glaubensgemeinschaft nach Buchenwald geschafft. Mit der Unterstützung von Herrn Dr. Linse, der sich unter Aufopferung seiner Existenz maßgebend dafür einsetzte, war es möglich, meinen Freund A. aus dem KZ-Lager herauszuholen. Seine Ausreise aus Deutschland wurde dadurch sichergestellt und sein Leben gerettet."[53]

5. Keine „Stunde Null"

Zahlreiche Aktennotizen Linses der Jahre 1944/45 beschäftigen sich mit den Problemen, die die Kriegswirtschaft den Unternehmen bringt. Doch bei der Durchsicht stellt man irgendwann fest, ohne den genauen Zeitpunkt bestimmen zu können, dass es plötzlich nicht mehr kriegswirtschaftliche Entscheidungen sind, die den Unternehmen zu schaffen machen, sondern dass nunmehr Demontagebefehle der Besatzungsmacht die Industrie plagen. Die NS-Diktatur in Chemnitz ist vorüber, und jetzt haben die sowjetischen Dienststellen das Sagen. Man fordert Reparationen. Und Linse setzt seine Tätigkeit bruchlos, wie es den Anschein hat, fort. Unter der Besatzungsmacht steigt er sogar zum Geschäftsführer der IHK auf.[54]

Wie es dazu kommt und wie es Linse in den letzten Kriegstagen, zwischen der Kapitulation und der Ankunft der Roten Armee im bis dahin unbesetzten Chemnitz ergeht, ist unbekannt. Über seine Erfahrungen mit marodierenden, mordenden und vergewaltigenden Soldaten, mit Erschießungen, Säuberungen und willkürlichen Verhaftungen kann man nur spekulieren, aber es gibt keinen Grund zu der Annahme, er oder seine Familie sei davon verschont geblieben. Verbürgt ist lediglich, dass er noch 1945 ausgebombt wird und seine Wohnung

---

53 Zit. nach Mülder, Zwei Schüsse ins Wadenfleisch. In: FAZ vom 8.7.2002.
54 StAC, 30874, 750.

in der Germaniastraße 3, die „total zerstört" wird, verlassen muss. Er und seine Frau Helga – Kinder haben die beiden nicht – ziehen in die Ulmenstraße 59.[55]

Die sowjetischen Besatzer, so scheint es, haben gegen Linse nichts einzuwenden. Das gilt auch für die deutschen Kommunisten. Linse wird Vorsitzender des „Bezirkssonderausschusses zur Bereinigung des Berufsstandes der Wirtschaftsprüfer, vereidigten Buchprüfer und Wirtschaftsberater bei der IHK Chemnitz". Für die Jahre 1945–1950, vor allem aber für 1946/47, sind 61 Fälle überliefert, in denen eine Kommission, der er vorsteht und der vier weitere Beisitzer angehören, über die Wiederzulassungsanträge der genannten Berufsgruppe befindet. Linse hat erneut ein Amt inne, mit dem er in der Lage ist, berufliche Karrieren zu beenden. Ein Amt, dessen Inhaber sich im Dschungel von Denunziationen und Persilscheinen einen Überblick verschaffen muss, um über Schuld oder Unschuld der Antragsteller zu befinden. Und wieder arbeitet Linse mit anderen (halb-) staatlichen Stellen zusammen. In seiner neuen Funktion muss er sein Votum dem „Block der antifaschistisch-demokratischen Parteien" zuleiten, der in diesen Jahren ein einflussreiches Gremium ist, bis es nach einer Übergangszeit vom kommunistisch dominierten Stadtrat abgelöst wird.[56]

Was sind das für Fälle, die unter Linses Vorsitz verhandelt werden? Für den einen Antragsteller läuft das Verfahren vor dem Ausschuss glimpflich ab. Der Betreffende schafft sechs Aussagen heran, die ihm eine einwandfreie Gesinnung attestieren. Demnach hat er sich unter der NS-Diktatur für einen ehemaligen Sozialdemokraten verwendet, galt als politisch unzuverlässig, musste deshalb Schikanen erdulden und ist heute, 1946, in der kommunistischen Bewegung aktiv. Wegen seiner demokratischen Gesinnung plädiert der Ausschuss auf Wiederzulassung in seinen Beruf.[57] Anders ist der Fall eines weiteren Antragstellers gelagert, der ebenfalls 1946 verhandelt wird. Ihm, dem vereidigten Buchprüfer und Steuerberater, wird zunächst die Zulassung entzogen. Er beantragt die Wiederzulassung. Vor der Kommission rekapituliert er seinen Werdegang: Mitglied in der NSDAP seit 1932, im NSRB seit 1933, wo er bis zum Zusammenbruch ein Amt bekleidet. Seinem Antrag fügt er die Aussage eines Bauern bei, der bezeugt, dass er vor größerer Öffentlichkeit schlecht über Hitler geredet haben soll. Der Ausschuss will den Bauern ad personam vernehmen, da der Lebenslauf des Antragstellers hinreichende Anhaltspunkte für eine schwere NS-Belastung enthält. Bei einem zweiten Termin erscheint der Zeuge, aber er ändert seine Aussage. Jetzt heißt es, dass die abfällige Bemerkung lediglich unter Freunden gefallen ist. Der Antrag wird abgelehnt.[58]

Die wenigen vorhandenen Dokumente aus den vierziger Jahren zeigen Linse bei seiner beaufsichtigenden Aufgabe für die IHK, die er sowohl für das nationalsozialistische wie für das kommunistische System erfüllt hat. Sein Lebens-

---

55   StadtA Chemnitz, Antifa-Block, Sign. 65, Bl. 104.
56   Vgl. Müller, Entwicklung der Verwaltungsstrukturen, S. 85; vgl. Behring, Die Zukunft war nicht offen.
57   StAC, 30874, 853.
58   StAC, 30874, 835.

lauf ist ein guter Beleg für die Behauptung, dass es 1945 eine „Stunde Null" im Grunde gar nicht gegeben hat, sondern dass auch und vor allem in der Verwaltung Kontinuität herrschte und den mittleren Eliten der Übertritt in das neue politische System bruchlos glückte.

6. Auf dem Prüfstand

Politisch engagiert sich Linse 1945 drei Monate in der LDP. Doch der hoffnungsvolle Neubeginn ist jäh zu Ende, als der Vorwurf laut wird, er sei Mitglied der NSDAP gewesen. Linse beendet sein politisches Engagement, und damit ist auch der Traum vorbei, er könne einmal Wirtschaftsminister von Sachsen werden.[59]

Über die Umstände, unter denen Linse von den Sowjets weiterbeschäftigt wurde, ist nichts bekannt. Sein Einsatz für Gilel Reiter ist jedoch innerhalb der IHK sicher nicht unentdeckt geblieben, wie der Vorgang mit dem nicht abgeschickten Brief bezeugt. Linse wurde vermutlich von seinem Präsidenten gedeckt, und der hat vermutlich vor dem Entnazifizierungsausschuss davon berichtet. Überliefert ist das alles allerdings nicht, man ist auf Spekulationen angewiesen.

Was nach dem Krieg allerdings ans Licht kommt, ist Linses Mitgliedschaft in einer Widerstandsgruppe namens „Ciphero". Bereits im Juni 1945 testiert Edgar Fischer in einem fünfzehnseitigen Bericht die Aktivitäten ihrer 35 Mitglieder gegen das NS-Regime.[60] Gegründet von Fischer und Walter Oelschlägel 1941, teilte man sich die Arbeit auf: Fischer „bearbeitete den Wehrmacht-Sektor" und Oelschlägel „den zivilen, hauptsächlich in Bezug auf Arbeitseinsatz und industrielle Gebiete." Fischer hatte zunächst mit dem Nationalsozialismus sympathisiert, sich jedoch dann abgewendet und war während eines Lazarett-Aufenthalts in das Lager der Regimegegner gewechselt. Er wurde Geheimsachenbearbeiter im Chemnitzer Ersatzheer, und Oelschlägel nach Ausscheiden aus der Wehrmacht Leiter des Arbeitsamtes Flöha bei Chemnitz. Zunächst bestand Fischers Widerstandstätigkeit darin, Anhänger des Regimes zum Feldheer zu verfügen und kritische Geister davor zu bewahren. „Allgemein gesehen, wurden Pg.s abgeschoben. Einwandfrei antifaschistische Soldaten wurden jedoch gehalten, so lange es irgendwie möglich war." Weiterhin richtete man einen Raum zum sicheren Empfang von „Feindrundfunksendungen" ein und störte den Vertrieb von NS-Propagandaschriften. „Wie oft kam es vor, dass durch von uns getroffene Maßnahmen im geeigneten Moment das Vortragsmaterial verschwand, dass der Dienstplan so geändert wurde, dass der NSFO in einem leeren Unterrichtsraum stand und vergeblich auf seine Lämmer wartete." In den letzten Kriegstagen wurden des Weiteren fahnenflüchtige Antifaschisten und sogenannte Volksdeutsche so gut als möglich unterstützt. Man baute eine Motorradflotte auf und leistete propagandistische Arbeit, als die Rote Armee näher auf Chemnitz rückte.

---

59 Abhörprotokoll vom 12.9.1952 (HAIT-Archiv, Akte Walter Linse).
60 StadtA Chemnitz, Antifa-Block, Sign. 65, Bl. 16–30.

Die Aktivitäten des von Oelschlägels geleiteten zivilen Teils von „Ciphero" nehmen sich in dem Bericht nicht so umfangreich aus wie die des militärischen. Ihm zufolge wurde Oelschlägel von zwei Mitverschwörern assistiert, die – ähnlich wie bei dem militärischen Flügel – Antifaschisten mit entsprechenden Bescheinigungen versorgten, die „Betreibungen von Entlassungen, Verschickungen und Einberufungen zur Wehrmacht" verhindern halfen. Linse – in seiner Funktion als Referent bei der IHK – war „die notwendige Ergänzung" für den Verschwörer Oelschlägel, dessen Amt in Linses Zuständigkeitsbereich lag. „Mit ihm wurden sämtliche Anordnungen und Verfügungen, die von den zuständigen Reichsbehörden herauskamen, eingehend durchgesprochen und ihre Durchführung gestört bzw. verzögert, wo es angängig war. Mit einer Anzahl von Betriebsführern, die als antifaschistisch bekannt waren, ist zusammengearbeitet worden, ohne dass diese selbst Mitglieder der Widerstandsbewegung gewesen wären."[61]

Ob Fischer Linse mit seiner Erwähnung indes einen Gefallen getan hat, ist nicht unbedingt sicher. Denn Fischers Absicht, die Rehabilitierung der Mitarbeiter von „Ciphero" zu erreichen, wird nicht verschwiegen. Problematisch nur, dass alle Genannten wenig später kollektiv in Verruf geraten, wie sich aus weiteren Einlassungen Fischers schließen lässt. Mit Datum vom 18. November 1945 findet sich sowohl eine auf die „Ciphero"-Mitglieder geschriebene Eloge als auch eine „Erklärung zur Sache ‚Dr. Ring'", in der Fischer beklagt, dass die Widerstandsgruppe „wiederholt [...] in Verbindung mit dem Fall Dr. Ring gebracht" würden. Ernst Ring war von den US-Truppen als Bürgermeister von Chemnitz eingesetzt worden, wurde aber nach der Übernahme durch die Sowjets abgesetzt und für acht Wochen inhaftiert.[62] Später wurde er erneut inhaftiert, und auch Fischer scheint nicht recht schlau aus ihm geworden zu sein. Zu Kriegszeiten hat Ring ihm wohl die Gründung einer weiteren Widerstandsorganisation („Arüsa") angetragen, ein Plan, den Fischer mit ein paar Kameraden von „Ciphero" unterstützen wollte. Mehr Gemeinsamkeiten waren aber nicht, wie Fischer betont. „Grundsätzlich wird festgestellt, dass die Widerstandsbewegung ‚Ciphero' und Dr. Ring zwei verschiedene Dinge sind, die nichts miteinander gemeinhaben."

War Linse ein Mann des antifaschistischen Widerstands? Das Zeugnis, das Fischer ihm ausstellt, ist makellos, auch wenn es nicht auf Details eingeht. Linse kann den Persilschein gut gebrauchen, denn jetzt ist die Zeit der Abrechnung und der Denunziationen gekommen. Linse hat sich während der letzten Jahre nicht nur Freunde gemacht, und jetzt wird seine eigene Vergangenheit zum Gegenstand kritischer Begutachtung. Noch im September 1945 gibt ein Denunziant zu Protokoll, dass Linse entgegen seiner Behauptung Mitglied der NSDAP gewesen sei. 1938 oder 1939 habe er sich um Aufnahme bemüht, in der IHK habe er das Parteiabzeichen getragen und sei dortselbst als Pg. geführt worden. Der Denunziant gibt an, er habe mit Linse 1941/42 eine kleine Auseinandersetzung gehabt und dabei ebenfalls das Parteiabzeichen an seinem

---

61 Ebd., Bl. 28.
62 Vgl. Müller, Entwicklung der Verwaltungsstrukturen, S. 81 f.

Revers gesehen.[63] Ein Tag später wird die Stadtteilgruppe Süd-Ost der Chemnitzer KPD aktiv und leitet den Bericht weiter an die Kreisleitung. „Der Fall ist bereits an die Kriminal-Polizei zur Bearbeitung weiter gegeben worden. Von einer Bearbeitung ist uns aber bis jetzt noch nichts bekannt."[64]

Die polizeilichen Ermittlungen verlaufen ergebnislos. Linse geschieht nichts. Die Denunziation ist aber auch zu offensichtlich getragen von einer Aversion unbekannten Ursprungs gegen Linse und „die Herren Akademiker, die ja überall in der Stadtverwaltung sowohl als auch in der Wirtschaftskammer sitzen bzw. sitzengeblieben sind, gegenseitig Beistand leisten, um einen kleinen Staat im Staate für sich einzurichten. Jedenfalls spricht die Tatsache für sich, dass diese Theoretiker dem praktischen Leben gegenüber ziemlich voreingenommen sind."[65]

Gleichwohl ist Linse noch nicht aus dem Schneider. Das Entnazifizierungsverfahren läuft weiter. Der Antrag, alle Mitglieder von „Ciphero" und „Arüsa" kollektiv zu entnazifizieren, wird vom zuständigen Ausschuss geprüft, aber bei etwa der Hälfte der Namen sieht man Klärungsbedarf, unter anderem bei Linse. Am 9. Februar 1946 geht das Gesuch des Antifaschistisch-Demokratischen Blocks Sachsen an den Chemnitzer Block: „Ehe jedoch eine Entscheidung herbeigeführt werden kann, ersuchen wir den Demokratischen Block Chemnitz uns eine Charakteristik sowie politische Vergangenheit – wir möchten vor allen Dingen wissen, wann diese Leute in die NSDAP eingetreten sind – und gegenwärtige Tätigkeit der angegebenen Namen mitzuteilen. Wenn gegen diese Leute nichts besonderes spricht, sind wir der Ansicht, dass sie rehabilitiert werden können."[66]

Wenig später hat man eine erste Information eingeholt, die für Linse spricht. „Dr. Linse wird als netter Mensch seinen Angestellten gegenüber bezeichnet. Es ist jedoch nicht bekannt, ob er Mitglied der NSDAP war." Eine Woche später, am 28. Februar 1946, weiß man etwas mehr. „In der NSDAP, SA oder einer anderen Formation war er nicht. Betätigt oder hervorgetan hat er sich nicht. Er war ein Gegner des Nazi-Systems. Jetzt gehört Linse keiner Partei an. Für die Solidarität und bei Spenden gibt er reichlich."[67] Und aus der Geschäftsstelle der LDP verlautet: „Herr Dr. Linse hat sich nach seinen eigenen Angaben seinerzeit und auf ausdrücklichen Druck des damaligen Präsidenten der Industrie- und Handelskammer Chemnitz, Herr Schöne, zur NSDAP als Mitglied angemeldet; es soll aber bei dieser Anmeldung verblieben sein, und behauptet Dr. L., es in geschickter Weise stets abgebogen zu haben, dass er ein Mitgliedsbuch ausgestellt erhielt. Mithin betrachtet sich derselbe nicht als zur NSDAP gehörend. [...] Nach unseren Informationen ist aber Dr. Linse immer ein Gegner der Nazi-Ideologie gewesen, was wir besonders hervorheben möchten. Unseres Erachtens wäre es kein Fehler, diesen Menschen am Wiederaufbau Deutschlands sei-

---

63 StadtA Chemnitz, Antifa-Block, Sign. 65, Bl. 113.
64 Ebd., Bl. 112.
65 Ebd., Bl. 113.
66 Ebd., Bl. 92.
67 Ebd., Bl. 103.

nen Kenntnissen und Fähigkeiten entsprechend heranzuziehen.“[68] Damit ist
der Fall geklärt, und der Block befürwortet Linses Rehabilitierung.[69]

Zwei Jahre später allerdings wird Linses Vergangenheit erneut zum Gegenstand einer Untersuchung. Am 24. Februar 1948 tritt eine andere Denunziantin
auf den Plan. „Wann wird Herr Walter Linse, Ulmenstr., entnazifiziert?“, fragt
sie in einem Brief den Oberbürgermeister. „Er fällt doch unter Befehl 201. Frü-
her war er einmal Rechtsanwalt. Dann kam er zur Industrie- und Handelskammer. Bei der Entjudung 1938/1939 hat er eine ganz große Rolle gespielt. Er hat
viele Juden unter Treuhand gestellt. Und im Kriege war er auch ganz groß da.
In der Rüstung war er unentbehrlich. Er war selbst keinen Tag Soldat. Mit dem
Schieber [x] ist er auch sehr befreundet.“ Linse wird zur Rede gestellt und füllt
einen Fragebogen der Kreisentnazifizierungskommission Chemnitz-Stadt aus.
Maschinenschriftlich verneint er am 2. März die Fragen nach einer NSDAP-Mit-
gliedschaft, gibt an, vor 1933 in keiner Partei gewesen zu sein und in diesem
Moment auch nicht. Lediglich in der LDP, gibt er an, ist er nach dem Krieg
gewesen. Militärdienst habe er nicht abgeleistet und habe auch nicht in der
Zivilverwaltung eines besetzten Gebietes gearbeitet.[70]

7. Flucht aus Chemnitz

Was Linses Privatleben angeht, ist erneut wenig bekannt. Er ist seit dem
14. März 1942 mit Helga, der Tochter des Rechtsrates der Stadt Chemnitz, Dr.
jur. Albert Heymann, verheiratet. Die Ehe bleibt kinderlos. Vermutlich lernen
sich die beiden bei der IHK kennen; Helga arbeitet dort seit 1940 als Sachbear-
beiterin. Aber vielleicht hat Linse die um zwölf Jahre jüngere Frau auch über
das Juristenmilieu der Stadt kennen gelernt. Helgas Lebenslauf, den sie 1957
verfasst hat, spiegelt eine typische Frauenbiographie aus der ersten Hälfte des
20. Jahrhunderts wider: Als Tochter aus gutem Hause legt sie das Abitur ab,
tritt aber erst im Alter von 24 Jahren, am 1. Januar 1940, in einen Beruf ein, um
einen Mann zu ersetzen, der zum Kriegsdienst eingezogen worden ist. Bei der
IHK ist sie sodann für die Bearbeitung von Prüfungsangelegenheiten zuständig,
und als sie Linse heiratet, ist ihre berufliche Laufbahn wenige Monate später
„infolge Verehelichung“, wie es in ihrem Arbeitszeugnis heißt, auch schon wieder beendet. Bereits 1943 kehrt die „wertvolle Mitarbeiterin“ wieder zurück, da
erneut ein männlicher Kollege zur Wehrmacht eingezogen worden ist. Jetzt
bleibt sie bis 1945, als die „Zeitverhältnisse und gesundheitliche Gründe“ ihre
Demission erfordern.[71]

Über die Gründe von Linses Flucht aus Chemnitz 1949 ist ebenfalls wenig
bekannt. Einem Bericht des MfS von 1952 ist zu entnehmen, dass er sich im
Juni 1949 nach West-Berlin abgemeldet hat.[72] Linse ist zu diesem Zeitpunkt der

68 Ebd., Bl. 102.
69 Ebd., Bl. 106.
70 BArch, ZB 7374 A.14.
71 BArch, B 136, 6539.
72 BStU, ZA, MfS, GH 105/57, Bd. 6, S. 13.

Linse heiratet 1942 Helga Heymann, Tochter des Rechtsrates der Stadt Chemnitz, Dr. jur. Albert Heymann. Das Bild entstand vermutlich nach dem Krieg; Stern/ Picture Press.

einzige Geschäftsführer einer IHK in der Sowjetzone, der noch nicht der SED beigetreten ist. Für die Machthaber ein unhaltbarer Zustand, den man durch Druck zu ändern sucht. In Helgas Lebenslauf heißt es: „1949 Umsiedelung nach West-Berlin, da Ehemann Dr. Linse sich weigerte, Mitglied der SED zu werden und sich deshalb an der Handelskammer nicht mehr halten konnte." Desgleichen lässt später Linses Vorgesetzter beim UFJ, „Dr. Theo Friedenau", verlauten: Linse habe in seiner Position aus nächster Nähe den Beginn der Vernichtung kleiner und mittelständischer bäuerlicher und gewerblicher Existenzen mit ansehen müssen. Wenn er erneut Gutachten geschrieben habe, dann seien sie jedoch nicht so ausgefallen, wie die neuen Machthaber sie sich vorgestellt hätten. Denn Linse habe „Enteignungen für gesetzlich unzulässig" erklärt und damit das Bestreben der Diktatur behindert, die gewaltsame Umwandlung der Wirtschafts- und Gesellschaftsordnung in Mitteldeutschland mit einem Feigenblatt formaler Richtigkeit zu versehen. Linse habe sich energisch für die von Enteignung Betroffenen eingesetzt, weshalb er „bald auf die ‚Schwarze Liste' der damals neu gegründeten Abteilung K5 der Kriminalpolizei, der Vorläuferin des heutigen Staatssicherheitsdienstes," gekommen sei.[73]

Dass Linse nicht in die Zeit passt, ist den neuen Machthabern sicher bald klargeworden. Er ist Rechtsanwalt; er hat seine Sympathien für den Liberalis-

---

73 Die Zeit vom 17.7.1952; vgl. Hagen, Der heimliche Krieg auf deutschem Boden, S. 222; Fricke, Ein Mann namens Linse, S. 7.

mus durch seine Mitgliedschaft in der LDP kurz nach Kriegsende hinreichend bewiesen; er will der SED nicht beitreten. Kurzum: Er ist, wie der Staatssicherheitsdienst später zu Protokoll gibt, „nach seiner ganzen Haltung fest von der Richtigkeit des derzeitigen westlich-amerikanisch-kapitalistischen Staats- und Herrschaftssystems und von der Notwendigkeit, sich für diese Form der ‚Demokratie‘ einzusetzen, völlig überzeugt“[74] – ein Systemgegner, wie er im Buche steht.

Bei aller Vorsicht, die man gegenüber den Vernehmungsprotokollen von MfS und MGB entgegenbringen muss, kann man in ihnen dennoch ein paar Hinweise auf Linses Denken kurz vor seiner Flucht finden, die schwerlich von den Vernehmern gefälscht worden sein dürften. Einer bezieht sich auf seine Motive zur Ausreise aus der DDR. Im MGB-Protokoll vom 22. April 1953 werden ihm diesbezüglich recht detaillierte Aussagen zugeschrieben; demnach verlässt er Chemnitz nicht, wie von seinen Peinigern unterstellt, um den Kampf gegen das Regime aufzunehmen, sondern weil die Entwicklung ganz allgemein seinen Wertvorstellungen widerspricht. „Ich dachte, dass in der DDR keine Rechtsstaatlichkeit existiert, dass die Machthaber ihre Ziele auf Kosten der bestehenden Gesetze durchsetzen, dass in der DDR Gesetzlosigkeit herrscht und die Justizorgane keine Handhabe besitzen, im Sinne der bestehenden Gesetze zu handeln.“[75] Diese Überzeugung dürfte Teil eines ganzen Bündels von – nicht überlieferten – Motiven gewesen sein, die erst zusammengenommen zu dem Entschluss führten, zu emigrieren. Er verlässt seine Vaterstadt auch nicht unvorbereitet, sondern sondiert im Vorfeld die Möglichkeiten für einen Neuanfang im Westen. Da der Geschäftsführer der Firma „Imbral“ in West-Berlin eine Filiale aufbauen will, schließt sich Linse ihm an, um als Syndikus für ihn zu arbeiten.[76]

Die Flucht wird für Linse und seine Frau, die mit ihm geht, keine große Probleme aufgeworfen haben. Sein Besitzstand kann nicht umfangreich gewesen sein. Lediglich die Reise nach Berlin wird wegen der zerstörten Infrastruktur beschwerlich gewesen sein. Aber die Grenzen sind noch offen, und dem Notaufnahmeverfahren für politische Flüchtlinge aus der SBZ muss sich das Paar auch nicht unterziehen, weil das erst später eingeführt wird, so dass einem Neuanfang wenigstens diese Hindernisse nicht entgegenstehen. Kurz nach seiner Übersiedelung nimmt Linse noch einmal Kontakt zum Amtsgericht Leipzig auf. Am 9. Januar 1950 bittet er um Zusendung einer Bescheinigung, dass er seinerzeit als Hilfsrichter in Leipzig angestellt war, da der Nachweis über seine zweite Staatsprüfung bei einem Bombenangriff auf Chemnitz vernichtet worden ist und sein „Fehlen [...] laufend Schwierigkeiten“ bereitet. Die Bescheinigung wird am 26. Januar ausgestellt.[77]

---

74 BStU, ZA, MfS, GH 105/57, Bd. 4, S. 174.
75 HAIT-Archiv, Akte Walter Linse, Bestand Moskau, S. 39.
76 Rechtsanwalt Dr. Braun an Linse vom 12.2.1952 (BArch, B 209, 959); BStU, ZA, MfS GH 105/57, Bd. 1, S. 9.
77 StAL, Amtsgericht Leipzig, 2767.

IV. Mitarbeiter beim Untersuchungsausschuss freiheitlicher Juristen in Berlin

1. Neubeginn in Berlin

Erneut ist die Quellenlage sehr schlecht. Fast alles, was wir über Linses Neubeginn in Berlin wissen, stammt aus den spärlich überlieferten Erinnerungen von Zeitzeugen oder aus den Hinterlassenschaften des MfS, das Linses Gespräche und Selbstgespräche belauschte und protokollierte. Wiewohl es sich dabei um eine relativ authentische Überlieferung handelt, so wenig kann anhand dieser Protokolle Linses Leben rekonstruiert werden.

Angekommen in der großen Stadt, warten Herausforderungen auf Linse, die gemeistert werden müssen. Es geht um fundamentale, aber in dieser Zeit gar nicht außergewöhnliche Bedürfnisse: Eine Wohnung muss her, und auch in den neuen Beruf muss er sich hineinfinden. Das Ehepaar lässt sich im gepflegten, ruhigen Südwesten Berlins nieder, im amerikanischen Sektor. Die Gerichtstraße, die heute Linses Namen trägt, ist ein beschauliches Idyll mit prächtigen Gründerzeitwohnanlagen zwischen mächtigen Bäumen. Man bezieht eine Vierzimmerwohnung mit Küche und Bad in Nummer 12a.

Das Ehepaar wird als eher menschenscheu beschrieben, es habe „sehr zurückgezogen" gelebt, wie es in einer Charakteristik Linses aus MfS-Quelle nach der Verschleppung heißt.[78] Eine glaubhafte Einschätzung, wenn man an Linses Selbstbeschreibung in dem Schulaufsatz denkt. Gleichwohl scheinen die Linse in einen sehr großen Bekannten- und Freundeskreis eingebettet gewesen zu sein. Die Kontakte nach Chemnitz jedenfalls reißen nicht ab. Man steht brieflich in Verbindung mit der alten Heimat oder man beherbergt Besucher von dort. Linse ist nicht frei von Stolz über das Erreichte: „Ich habe die Wohnungsfrage glücklich geklärt, die Berufsfrage habe ich gelöst. Ich sehe doch wie wohl ich mich gefühlt habe. Ich habe alles gemeistert", rekapituliert er für den unbekannten Zuhörer vom MfS.[79]

Harmonisch soll die Ehe gewesen sein,[80] aber ein Spannungsfeld wird es gegeben haben: Linse ist evangelisch getauft, doch in Berlin engagiert sich das Ehepaar in der katholischen Kirchengemeinde „Heilige Familie", die ganz in der Nähe ihrer Wohnung gelegen ist. In einem Brief vom 12. Juli 1952 bezeichnet sich der Pfarrer als langjährigen engen Freund Linses. „Seine Familie gehört zu unserer Pfarrgemeinde. Dr. Linse schätze ich als einen außerordentlich gutherzigen, klugen, stets hilfsbereiten Menschen, der sich in jedem Falle insbesondere für die Ostflüchtlinge, die in unsere Gemeinde kamen und ihm von mir empfohlen wurden, bereitwilligst und erfolgreich eingesetzt hat."[81] Insgesamt deuten die Indizien darauf hin, dass die Initiative zum Engagement in der katholischen Gemeinde von Helga ausgeht und dass Walter sich ihr zuliebe beteiligt. Es entsteht das Bild eines Paares, bei dem er agnostisch, sie jedoch

---

78 BStU, ZA, MfS, GH 105/57, Bd. 4, S. 174.
79 Abhörprotokoll vom 19.9.1952 (HAIT-Archiv, Akte Walter Linse).
80 BStU, ZA, MfS, GH 105/57, Bd. 4, S. 175.
81 BArch, B 137, 1063.

praktizierende Katholikin ist, das mit diesem Unterschied jedoch umzugehen gelernt hat; als hätte man sich gleichsam auf einen Waffenstillstand geeinigt. Im Gegensatz zu ihm entpuppt sich Helga in ihren Briefen als tiefreligiöse Frau. Am 8. August 1952 schreibt sie Adenauer: „Beiliegend sende ich Ihnen ein Zettelchen aus den Briefschaften meines Mannes in seiner Handschrift. Es ist so bezeichnend für seinen inneren Weg, der ihn jetzt hoffentlich (und das ist mein tägliches Gebetsanliegen) zum christlichen Bekenntnis führen wird. [...] Beiliegende Psalmen bete ich täglich früh und abends anschl. an die Messe an meines Mannes Statt. Er ist ja noch des Gebets unkundig und ich denke, dass er dabei meine Hilfe jetzt gut brauchen kann." Tatsächlich erwacht erst im Kerker der Staatssicherheit Linses Religiosität. In der Mitschrift vom 9. September 1952 heißt es: „Ist ganz allein in der Zelle, fängt an laut zu beten. Er betet während der Zeit, wo er allein ist und führt auch Selbstgespräche mit seinem Gott." Zwei Tage später vermerkt das Protokoll: „Er wiederholt immer wieder: Heilige Jungfrau Maria, ich flehe dich an, lass mich so schnell wie möglich frei." Und: „Ich habe Gott gefunden, ich will katholisch werden, darüber wird sie sich freuen."[82]

Linse scheint den Neubeginn in Berlin recht gut zu meistern. Er leidet keine Not, verdient sogar recht gut, auch wenn er vereinzelten Angaben Dritter zufolge häufig über Geldmangel klagt. Auch der Wechsel von „Imbral" zum UFJ soll mit finanziellen Einbußen verbunden sein, aber schlecht steht Linse mit seinem anfänglichen Monatsgehalt beim UFJ von 620 DM nicht da, vor allem wenn man den Betrag mit den Löhnen von Arbeitern vergleicht, die sich zu dieser Zeit auf ca. 80 bis 90 DM/Woche belaufen.[83] Mehr kann man natürlich immer gebrauchen, und die Indizien deuten darauf hin, dass Linse sein Leben zu genießen versteht. Als sein Zellengenosse ihn später auf den Berliner Kurfürstendamm anspricht, erinnert sich Linse: „Ja, ich war jeden Abend mit meiner Frau dort. Mittags getroffen, Kaffee getrunken, eingekauft, anschließend Abendbrot gegessen."[84] Ein andermal bekennt er: Ja, ich „hänge an den Dingen".[85] Großzügig, vielleicht ungezügelt ist seine Art, gegen sich und andere. „L. ist sehr empört darüber, das der Amerikaner und die Freien Juristen nichts zu seiner Befreiung unternehmen. Er neigt zu der Auffassung, das man bei den Freien Juristen annimmt, er wäre unter Alkohol gewesen und entweder im Ostsektor hineingetorkelt, oder vielleicht an eine Hure geraten die ihn mitgeschleppt habe. L erzählte, dass es vorgekommen ist, dass er nach Genuss von Alkohol haltlos wurde, dann von Lokal zu Lokal zog und Zechen machte, die mit seinem Einkommen nicht im Einklang standen. Er gab dann Lokalrunden usw. Bei solch einer Gelegenheit wäre es ein leichtes gewesen mich nach dem Ostsektor mitzunehmen."[86]

82 HAIT-Archiv, Akte Walter Linse.
83 Vgl. Statistisches Jahrbuch Berlin von 1952.
84 Abhörprotokoll vom 16.9.1952 (HAIT-Archiv, Akte Walter Linse).
85 Abhörprotokoll vom 19.9.1952 (ebd.).
86 Spitzelbericht vom 18.11.1952 (BStU, ZA, MfS, GH 105/57, Bd. 4, S. 468).

2. Kontakt zur Schattenwelt

Die Arbeit bei „Imbral" währt nicht lang. Sie wird aber eher zufällig beendet. Im Dezember 1950 begibt sich Linse mit seinem Chef in die Dienststelle des UFJ in Berlin-Zehlendorf, um „sich über die Möglichkeit einer Kreditgewährung zum Aufbau seines Unternehmens beraten zu lassen", wie es trocken im 1. Vernehmungsprotokoll beim MfS heißt. Bei diesem Gespräch wird man seitens des UFJ auf ihn aufmerksam. Linse ist Rechtsanwalt und hat durch seine Zeit bei der IHK ein umfangreiches Netz an Kontakten in die sächsische Wirtschaft und Verwaltung aufgebaut. Das Kreditgespräch gerät unvermutet – und für Linse womöglich unbemerkt – zu einem Vorstellungsgespräch, denn wenig später, im Januar 1951, erhält Linse „unerwartet" Post vom Chef des UFJ, „Dr. Theo Friedenau", der in Wirklichkeit Horst Erdmann heißt, mit der Anfrage, ob Linse nicht anheuern und die Abteilung Wirtschaft aufbauen will. Linse will. Er schickt seine Bewerbungsunterlagen ein. „Es wird stets meine Überzeugung bleiben, dass jede menschliche und staatliche Ordnung von Dauer und Wert auf Rechtsstaatlichkeit gegründet und durch sie verbürgt sein muss. Meine Bitte um Mitarbeit kommt aus jenem Glauben an den ewigen Bestand der rechtsstaatlichen Ideale. Geleitet wird sie von der Überzeugung, dass der Kampf gegen die Rechtsnot der Sowjetzone und für ihre Freiheit mit zunehmendem Nachdruck geführt werden muss. – In voller Kenntnis und Würdigung der persönlichen Gefahren ist es mein Wunsch und mein fester Wille, mich diesem Kampfe unter vollem Einsatz zur Verfügung zu stellen."[87]

Man darf das Pathos des Briefes nicht überbewerten. Solche Bewerbungsschreiben dienen dazu, sich für den potentiellen Arbeitgeber schön zu machen, sie sollen signalisieren, dass man zueinander passt, dass der Bewerber genau die Stelle einnehmen möchte, auf die er sich bewirbt. Indes besteht es nicht allein aus Showelementen, sondern in seinen Formulierungen tritt sicherlich der Wesenszug Linses hervor, der ihn eine Anstellung beim UFJ attraktiv erscheinen lässt. Zusammen mit seinen weiteren Selbstzeugnissen und seinen Tätigkeiten hat man das Bild eines bald fünfzigjährigen Mannes vor sich, dem ein gewisser Idealismus nicht abhanden gekommen ist und der nicht gewillt ist, seine Ideale auf dem Altar einer wie auch immer gearteten „Realpolitik" zu opfern. Immer wieder erneut zu versuchen, das große Ziel zu erreichen, auch wenn jeden Tag neue Niederlagen eingesteckt werden müssen, und zwar in der Erkenntnis, um es mit Max Weber zu formulieren, „dass auch das Sittengesetz unerfüllbar ist, dennoch aber als ‚aufgegeben' gilt"[88] – das scheint sein Wesenszug zu sein. Inwieweit er sich dabei – trotz diesbezüglicher Behauptung – tatsächlich über die Risiken eines Einsatzes gegen das SED-Regime im Klaren ist, muss dahingestellt bleiben. Eingedenk seines sorglosen Verhaltens, auf das später einzugehen sein wird, kann daran gezweifelt werden.

Man würde seinem Lebensweg jedoch nicht gerecht werden, wenn man Linse eine kontinuierliche, zielgerichtete Entwicklung unterstellte. Der „Ober-

---

87 Zit. nach Dr. Theo Friedenau, Freiheit für Walter Linse! In: Die Zeit vom 17.7.1952.
88 Weber, Gesammelte Aufsätze zur Wissenschaftslehre, S. 497.

spion" (Neues Deutschland) erweckt zuweilen eher den Eindruck, als habe er einfach die Möglichkeiten genutzt, die sich ihm geboten haben, als habe er eher reagiert als agiert. Insofern scheint er durchaus kein „Macher" gewesen zu sein. Auch sein Wechsel von einem Wirtschaftsunternehmen folgt einem bekannten Muster: Er erhält eine Chance und nutzt sie. Spion und Widerstandskämpfer zu werden, ist eben kein Beruf, den man anstreben kann. Vor seinem russischen Vernehmer betont Linse entsprechend am 22. April 1953, „dass ich nicht mit dem Ziel in den Westen übersiedelte, gegen die DDR aktiv zu werden. Dazu entschloss ich mich erst, als ich bereits im Westen war."[89] Eine überzeugende Aussage, vor allem wenn man seine Einlassung über seinen Wissensstand über den UFJ bei seinem ersten Kontakt bedenkt: „Zu dem Zeitpunkt, als ich meine Arbeit im UFJ aufnahm, war ich nicht vollends darüber im Bilde, welches Ziel diese Organisation in Wirklichkeit verfolgte, daher bin ich ihr, ohne mir darüber weiter Gedanken zu machen, beigetreten. Über die Ziele des Untersuchungsausschusses habe ich detailliert während meiner praktischen Arbeit in der Organisation erfahren."[90]

Am 15. Januar 1951 tritt Linse seine neue Stelle an – und gerät mitten in die Welt der Spionage. Berlin weist eine Eigenart auf, die gleichsam subkutan das Leben seiner Bewohner maßgeblich bestimmt: Mit Beginn der Viermächteverwaltung hat sich die Stadt zu einem Ort entwickelt, an dem die Geheimdienste nicht nur der vier Besatzungsmächte – auch der dänische und der tschechische scheinen sehr aktiv gewesen zu sein – ein lohnendes Betätigungsfeld gefunden haben. Die Teilung in vier Herrschaftsbereiche, die man ohne viel Aufhebens betreten und wieder verlassen kann, aber auch die wirtschaftliche Not und das moralische Vakuum bilden den Humus, auf dem Spitzel, Spione und Nachrichtenhändler ein gutes Auskommen finden. Informationen, Gerüchte und Finten kursieren, so reichlich und unklar, dass auch die Geheimdienste ihre rechte Mühe haben, zwischen harten Fakten und Lügen zu unterscheiden. So mancher Aufschneider verdient sich eine goldene Nase.[91]

Berlin ist eine Stadt – und doch geteilt. Eine eigenartige Herrschaftsstruktur hat sich herausgebildet, die zwar auf die jeweiligen Sektoren bezogen bleibt, aber dennoch an den Sektorengrenzen nicht zu Ende ist. Die Vorbehaltsrechte der vier Sieger gelten für die ganze Stadt. Relevant ist diese Konstruktion vor allem für diejenigen, die bei einem der Besatzer auf der „schwarzen Liste" stehen, weil sie als Kriegsverbrecher, Spion oder aus einem anderen Grund gesucht werden. Sie können nicht davon ausgehen, in einem Sektor, etwa dem, für dessen Besatzer sie arbeiten, sicher vor Verhaftung durch die Besatzer aus einem anderen Sektor zu sein. Insbesondere die sowjetische Seite setzt ihre kurz nach der Besetzung der Stadt 1945 begonnenen Verhaftungen unter dem Besatzungsstatut fort – auch in den Westsektoren. Überläufer, Spione und Kriegsverbrecher werden aufgespürt und gewaltsam verschleppt oder durch eine List in den Ostsektor gelockt, wo sie vor Gericht gestellt werden, in einem

---

89 HAIT-Archiv, Akte Walter Linse, Bestand Moskau, S. 40.
90 Ebd., S. 36 f.
91 Vgl. Fricke / Engelmann, „Konzentrierte Schläge", S. 64–68.

Lager wieder auftauchen oder gar nicht mehr gesehen werden. Die westlichen Besatzer dulden dieses Vorgehen, sofern die Opfer Deutsche sind; auch beteiligen sie sich, wie der Fall Kemritz beweist, zuweilen selbst an dem mitunter tödlichen Spiel.[92] Wie der Abgeordnete des Bundestages, August-Martin Euler (FDP), am 20. Juni 1951 feststellt: „Der Fall Kemritz ist ein Ausschnitt aus dem ersten Kapitel des Kalten Krieges und der Geheimdienste, die diesen Krieg auf deutschem Boden führen."[93]

Orchestriert wird der Krieg der Geheimdienste von einem Krieg der Propaganda, der von Westberliner Seite von gut dreißig Organisationen geführt wird, zu denen auch Linses neuer Arbeitgeber gehört.[94]

In diesem Umfeld bewegt sich also der 1949 gegründete UFJ,[95] und als der Rechtsanwalt „Dr. Friedenau", sein Gründer, Linse kennenlernt, befindet er sich auf Expansionskurs. „Dr. Friedenau" ist insgesamt ein etwas undurchsichtiger Typ, von dem nicht einmal sein Alter bekannt ist. Als Linse seinen Dienst antritt, will er 40 Jahre alt sein, aber später stellt sich heraus, dass er erst 32 Jahre jung ist. Ebenfalls weiß man nur Ungenaues über seine Herkunft; sein bürgerlicher Name und dass er in Wahrheit keinen Doktortitel besitzt, bleibt zunächst verborgen. Erst einige Jahre später enthüllt eine Propagandaschrift aus der DDR die Tarnung.[96] Wegen des allzu kreativen Umgangs mit den Daten seiner Biographie muss er 1958 seinen Posten als Chef des UFJ räumen. Er selbst scheint das Rätselraten um seine Person eher spielerisch gesehen zu haben. Auf jeden Fall handelt es sich um einen umtriebigen Mann, der es zu einer nicht unbedeutenden Stellung gebracht hat, ein Mann, „dessen kluge, schnelle Augen hinter einer dunklen Hornbrille verborgen waren. Das Haar, soweit noch vorhanden, war noch dunkel, obwohl der Mann schon in den Vierzigern sein musste. Der Mann machte einen ruhigen, gelassenen Eindruck, aber man spürte, dass die Ruhe erzwungen war. Manchmal ging durch die schmalen, feingliedrigen Hände ein leises Zucken."[97] Dieser Mann von eisernem Willen und Durchhaltekraft würde fortan der Vorgesetzte von Linse sein.

Beim UFJ ist Linse insgesamt gut aufgehoben. Man passt zueinander wie der Schlüssel zum Schloss. Hier der umständehalber politisierte Rechtsanwalt, der bereits in seiner Dissertation die erneut aktuelle und in ganzer Schärfe sich stellende Frage nach dem Verhältnis von Recht und Gerechtigkeit behandelt hat. Dort die Juristen-Organisation, die die „Rechtsnot" in der SBZ/DDR registriert und auf Abhilfe sinnt. Ihr Vorgehen ist dabei im Grunde naiv: Man klagt bei einer Diktatur ein, dass sie sich an das positive Recht hält. Doch dadurch erzielt die Anklage paradoxerweise höchste Wirkung, weil immer wieder erfolgreich auf die Differenz zwischen Norm und Wirklichkeit hingewiesen

92 Vgl. Smith, Kidnap city, S. 65–80.
93 BT, 1. Wahlperiode 1949, Stenogr. Berichte, 154. Sitzung am 20.6.1951, S. 6111.
94 Vgl. Krämer, Westdeutsche Propaganda im Kalten Krieg.
95 Vgl. Hagemann, Der Untersuchungsausschuß Freiheitlicher Juristen.
96 Im Dienste der Unterwelt, S. 27–47.
97 Riess, Berlin, Berlin, S. 274.

werden kann, die die stalinistische Führung zumindest rhetorisch doch zur Deckung bringen möchte.

Handelt es sich beim UFJ um eine „Spionagezentrale" – so die geläufige Bezeichnung in der östlichen Propaganda – oder um eine „Art innerdeutsches Amnesty-Büro"?[98] Die östliche Seite wird nicht müde, ihn, wie die anderen Organisationen von BMG bis VOS, bis weit über seine Auflösung hinaus als CIA-Ableger zu diffamieren. Im Selbstbild geht es jedoch darum, sich dem Kampf gegen die sich etablierende Diktatur in Mitteldeutschland, wie die Gegend zwischen Ostsee und Erzgebirge noch ganz unbefangen genannt wird, zu widmen. Beide Kennzeichnungen treffen auf den UFJ zu. Er ist sowohl ein Nachrichtendienst, der konspirativ Informationen aus und über die DDR ermittelt. Es ist ein offenes Geheimnis, dass der UFJ Geld von CIC und CIA erhält, die in ihm einen geeigneten Bündnispartner im Kampf gegen den Kommunismus sehen.[99] Aber er ist auch Widerstandsorganisation, dessen Mitarbeiter die unterdrückte Bevölkerung in ihren Rechten unterweisen und das Regime stürzen, zumindest aber zum Wackeln bringen wollen. Den „Tag X", also den Tag der Wiedervereinigung, im westlichen Demokratieverständnis herbeizuführen, ist das Ziel.

Linse erhält keinen vollen Einblick in die administrativen Angelegenheiten. Im MfS-Verhör kann er lediglich eher nebelhafte Angaben über US-amerikanische Organisationen zu Protokoll geben, und das Wort „Geheimdienst" wird in dem Drehbuch lediglich dem Vernehmer in den Mund gelegt. Sein unmittelbarer Kontakt zu dem Milieu beschränkt sich auf das Hörensagen und ein einmaliges Treffen mit „einem Mitarbeiter der amerikanischen Hohen Kommission", dem er allgemein über seine Arbeit berichtet.[100] Allerdings schreibt auch Linse seine Monatsberichte an „Dr. Friedenau", der auf dieser Basis seinem Kontaktmann zur CIA, Henry Heckscher, Bericht erstattet. Möglich, dass Linse weitere Kontakte zur CIA hat als ihm bewusst ist, denn das Auftreten der Geheimdienstmitarbeiter ist immer sehr kultiviert, wie berichtet wird.[101]

So nahe Linse sich im Umfeld von Geheimdiensten bewegt, so wenig integriert ist er in deren klandestinen Aktivitäten, wenn man davon absieht, dass er sich zu seinem eigenen Schutz gewisser Vorsichtsmaßnahmen bedienen muss. Am 23. Oktober 1951 wird eine National Security Directive in Washington herausgegeben, in der zum Aufbau von Widerstandsgruppen im kommunistischen Machtbereich aufgefordert wird. In Deutschland erscheint der UFJ als geeigneter Partner zum Aufbau eines „stay-behind-net". Die „Abt. B" im UFJ wird im Verlauf der Jahre 1952 und 1953 ins Leben gerufen. Unumstritten ist sie nicht, und Henry Heckscher, unter dessen Ägide der UFJ gegründet worden ist, wehrt sich – vergeblich – gegen den Plan der Berliner CIA-Dependance.[102] An Linse jedoch gehen die Vorbereitungen für ihren Aufbau weitgehend vorbei, er

98 Benedict Maria Mülder, Weil er Mielke in die Quere kam. In: Tagesspiegel vom 12.12.2003.
99 Smith, Kidnap city, S. 113.
100 BStU, ZA, MfS, GH 105/57, Bd. 1, S. 12 f.
101 Dellingshausen, Im Bogen der Zeit, S. 93–95, BArch, N 1515.
102 Murphy/Kondrashev/Bailey, Battleground Berlin, S. 123 f.

hat nicht mehr Kontakt zu den Dunkelmännern, ja nicht einmal zu den anderen Widerstandsorganisationen, als es seine Diensterfüllung erfordert.[103]

Lediglich eine Ausnahme ist überliefert: Am 6. Juni 1952 sendet er von seiner Dienststelle aus der nur wenige hundert Meter entfernt residierenden KgU eine Anfrage. Von der KgU weiß man, auch Linse, dass sie eine umfangreiche Suchkartei unterhält, in der Tausende Namen von im sowjetischen Machtbereich „Verschwundenen" verzeichnet sind. Linse erkundigt sich mit ausdrücklichem Verweis darauf, dass es sich um eine persönliche Anfrage handelt, nach einem Landwirt aus Weißensee in Thüringen, der im November 1945 „von den Russen verhaftet" und seitdem nicht mehr gesehen worden ist. Aber die KgU kann in diesem Fall wenig Substantielles zur Aufklärung beitragen. Nach dem Mann wurde zwar bereits einmal gefragt, aber sein Verbleib konnte nicht sicher festgestellt werden. Der einzige Anhaltspunkt ist die Mitteilung, dass er „vermutlich im KZ-Sachsenhausen einsitzt".[104]

Linse im Geheimdienstsumpf – oder doch nicht? Der Befund ist nicht eindeutig. Ganz ahnungslos wird er nicht gewesen sein, aber möglicherweise war er sich der Implikationen seiner Tätigkeit nicht bewusst. Denn mögen sich auch wenige Indizien finden lassen, dass Linse bewusst mit Geheimdiensten zusammenarbeitete, so stößt man beim Studium in den Archiven doch immer wieder auf Ungereimtheiten, weil Akten von unbekannter Hand bearbeitet worden sind. Da befindet sich etwa folgender Vermerk: *„Hinweis* Schreiben des [Name und Adresse] vom 12.9.52. [handschriftlicher Zusatz unleserlich] Schreiben des Bundesamtes für Verfassungsschutz Abt. III Nr. 9114/52 geheim vom 2.10.52 siehe 5–35100 272/52 geheim zum Vorgang ‚Dr. Linse' bei 35100".[105] Oder man stellt bei der Durchsicht der mikroverfilmten Suchkartei der KgU fest, dass alle Karteikarten, zu denen von der Stammkarte Linses verwiesen wird, entfernt worden sind. Irgend jemand hat bestimmte Umstände des Falls Linse einst für geheimhaltungswürdig befunden. Aber wer? Und warum? Die Antwort schlummert in den Archiven von BND und CIA.

3. Lobbyarbeit und Rechtsauskünfte

Kaum eingestellt als Referent, stürzt sich Linse sogleich in die Arbeit. Alle Indizien deuten darauf hin, dass er ganz in ihr aufgeht. Leider geben die UFJ-Akten keinen lückenlosen Aufschluss, denn insbesondere der Bestand der frühen Jahre ist durch Revisionen gelichtet worden. Wohl hat man einen Band angelegt, in dem Briefe und Vermerke Linses gesammelt sind, aber er wurde nach seiner Verschleppung angelegt und ist mit Sicherheit ebenfalls nicht vollständig.

Eine seiner ersten Amtshandlungen demonstriert zum einen, dass der Chef des UFJ Linse vertraut, zum andern wie prekär, wie angespannt die Lage für die Widerstandsarbeit in West-Berlin ist. Unmittelbar nach Dienstantritt, im Janu-

---

103 Vgl. HAIT-Archiv, Akte Walter Linse, Bestand Moskau, S. 18.
104 BArch, B 289, 11242.
105 BArch, B 136, 6539.

ar 1951, erteilt „Dr. Friedenau" Linse einen geheimen Auftrag. Da er nicht ausschließen will, dass sich die Westmächte aus Berlin zurückziehen und deshalb auch seine Organisation die Viersektorenstadt verlassen muss, soll Linse in Fulda Räumlichkeiten für den UFJ anmieten, um einen Ausgangspunkt für einen Neubeginn in Westdeutschland zu haben. Linse fährt hin, mietet zwei Zimmer in der Bahnhofstraße 4 und besorgt Möbel. Später wird dort eine Mitarbeiterin tätig, die den Postversand von Schriften an Adressaten in der Bundesrepublik besorgt. Dann fährt Linse von Fulda weiter nach Offenbach, um bei der Hauptverwaltung der Bundesbahn vorzusprechen. „Dr. Friedenau" will die Genehmigung zum Aushang von öffentlichen Anklagen verschiedener SED-Funktionäre in Bahnhöfen erhalten. Aber diese Mission scheitert; die Bundesbahn zieht nicht mit und verweist an das zuständige Ministerium.[106]

Im April 1951 begibt sich Linse auf seine zweite Dienstreise nach Westdeutschland. Er fliegt nach Bonn, um im BMG Gespräche mit Staatssekretär Franz Thedieck über Vortragsreisen des UFJ in Westdeutschland zu führen.[107]

In einer anderen Angelegenheit ist Linse erfolgreicher. Er wird sogleich nach seinem Dienstantritt in den Vorstand des neu gegründeten „Hilfskomitees für politische Häftlinge der Sowjetzone" gewählt. Im März beantragt man die Genehmigung zum Einwerben von Spendengeldern; sie wird noch im selben Monat vom Polizeipräsidenten gewährt. Linse nimmt Kontakt zum West-Berliner Senat auf. „Dr. Friedenau" möchte für das Hilfskomitee ein Kuratorium gründen, das mit Persönlichkeiten des öffentlichen Lebens besetzt ist, und fragt beim Regierenden Bürgermeister von Berlin, Ernst Reuter, nach, ob der nicht Interesse an der Mitarbeit habe. Linse spricht in Reuters Büro vor und bittet um einen Termin für seinen Chef. Man ist in dieser Angelegenheit nur zum Teil erfolgreich: Obwohl er die Arbeit des UFJ gutheißt, lehnt Reuter das Angebot nach Beratungen mit seinen Kollegen ab, weil eine positive Antwort möglicherweise auch Begehrlichkeiten bei den anderen Widerstandsorganisationen wie der KgU oder dem VOS geweckt hätte. Ein Mitarbeiter Reuters teilt Linse die Bedenken seines Chefs mit, und Linse übermittelt sie an „Dr. Friedenau". Der reagiert flexibel, ändert die Konzeption des Kuratoriums: Es gehe doch nicht darum, den UFJ aufzuwerten, sondern darum, die freie Welt über das Unrecht in der Ostzone aufzuklären; und das Kuratorium könnte doch die Aufgabe haben, den Kampf dagegen zu koordinieren. Unter diesen Umständen ist Reuter schließlich bereit, dem Kuratorium beizutreten. Am Ende also doch noch ein Erfolg für „Dr. Friedenau" und seinen Gesandten Linse. Der UFJ steht beim Senat in hohem Kurs; man will, kündigt man an, vor der Anstellung von Ostflüchtlingen Gutachten des UFJ über die Bewerber einholen. Darüber hinaus bleibt man in Kontakt, eine Mitwirkung Reuters am Juristenkongress 1952 wird ins Auge gefasst.[108]

Linses Aufgaben sind vielfältig. Neben seiner Lobbyarbeit verfasst er Vorträge für Radiostationen, macht monatlich Vortragsreisen nach Westdeutschland,

---

106 HAIT-Archiv, Akte Walter Linse, Bestand Moskau, S. 41–45.
107 Ebd., S. 46–48.
108 LA Berlin, B Rep. 002, Nr. 12788.

Walter Linse auf einer Reise in Westdeutschland vor dem Kölner Hauptbahnhof, 1952; Foto: Michael Sieber, Stiftung Bundeskanzler-Adenauer-Haus.

empfängt Informanten, baut Kontakte zur Politik auf und berät Ratsuchende, die von Enteignung betroffen sind. Sein Arbeitspensum kann an einer Aktennotiz vom 22. Februar 1952 für „Dr. Friedenau" ermessen werden: „Ich verpflichte mich zur Verfassung a) eines Artikels über die neue Gewerbezulassungsverordnung der DDR in der Deutschen Wirtschaftszeitung (Stuttgart) bis zum 1.3.1952, b) eines Flugblattes für die kleinen Funktionäre der SED über ‚die Gesellschaftsbeteiligungen von SED-Bonzen' bis 8.3.52 (es muss noch ein ergänzender Bericht unseres Informanten abgewartet werden, der im Laufe kommender Woche eingehen soll), c) eines RIAS-Vortrages zum gleichen Thema bis spät. 5.3.52, d) eines RIAS-Vortrages über die Glühlampen-Produktion in der Sowjetzone bis spät. 5.3.1952, e) eines Vortrages im NDWR über Filmbesuche in der DDR bis spät. 1.3.1952, f) eines Vortrages für den Frankfurter Sender zum gleichen Thema bis 1.3.1952."[109]

109 BArch, B 209, 959.

Auch im Verborgenen wirkt Linse. Da ist zum Beispiel der Schriftwechsel mit Dr. M. aus Stuttgart, der sich mit Datum vom 11. Dezember 1951 in einer dringenden Angelegenheit an Linse wendet. M. hat es aus Chemnitz über West-Berlin nach Württemberg-Baden verschlagen, wo er nun eine Stellung als Buchprüfer – wie er selbst formuliert: als „Helfer bei der Erziehung zu einer besseren Steuermoral" – bei der Oberfinanzdirektion Stuttgart antreten möchte. Doch zunächst benötigt er vom Flüchtlingslager in Gießen eine politische Unbedenklichkeitsbescheinigung, zu der ihm Linse bzw. der UFJ verhelfen soll. „Ich wollte Sie nur bitten, mir wenn möglich recht bald eine Bestätigung darüber vom Untersuchungsausschuss zugehen zu lassen, dass ich nach Prüfung meiner Unterlagen und meines Falles mit Unterstützung desselben einen Interzonenpass erhalten habe, der mir das Ausfliegen aus Berlin ermöglichte." Linse versucht die Ungeduld des Neu-Stuttgarters mit dem Hinweis auf den Dienstweg, den solche Anfragen gehen, zu bremsen. Es bedürfe eines Amtsersuchens, schreibt er zurück, aber bis dieses, von M. veranlasst, in Berlin eingehe, könne er, Linse, alles Notwendige veranlassen, damit es dann recht schnell übersendet werden könne. „Sie wissen, dass ich Ihnen nach wie vor jederzeit gern behilflich sein werde. [...] Ich selbst werde für die Bearbeitung zuständig sein, womit schon allein dafür Sorge getragen worden ist, dass es positiv ausfällt und vor allem auch schnellstmöglich erledigt wird."

Gerade noch rechtzeitig vor der Abfahrt des Transports nach Gießen erhält M. dann die frohe Kunde. Wie er in einem Brief versichert, ist seine finanzielle Lage desolat, könnte sich aber durch den positiven Bescheid recht bald auf ein Bruttogehalt von 450 DM verbessern. Und so geschieht es auch: Am 20. Dezember 1951 erhält er die gewünschte Aufenthaltsgenehmigung für das Bundesgebiet. „Der Antragsteller war als Wirtschaftsprüfer in ein Steuerstrafverfahren verwickelt und dadurch in eine Zwangslage geraten, aus der heraus ihm ein weiteres Verbleiben in der sowjetischen Besatzungszone nicht zuzumuten war."

Über sein weiteres Schicksal erstattet M. dann im April 1952 Bericht. Er hat lediglich eine Woche im Lager ausharren müssen, nachdem sein Fall positiv beschieden worden war. Seit dem 2. Januar ist er nun Hilfsbetriebsprüfer, hat sich zudem ein Zimmer besorgt und startet den sozialen Wiedereinstieg. Er nimmt Kontakt zu der Chemnitzer Exilgemeinde auf und bewundert, wie weit es die meisten anderen auf ihrem Weg nach oben bereits geschafft haben, während er sein Leben noch sortieren muss, was mit 53 Jahren auch nicht mehr ganz einfach ist. Doch M. geht es insgesamt besser als vielen anderen, wie Linse in einem abschließenden Brief vom 29. Mai bemerkt. Sein Fall ist überdurchschnittlich schnell bearbeitet worden, und er arbeitet jetzt auf einer Position, die seiner Ausbildung weitgehend entspricht, Glückwunsch! „Mir selbst geht es sehr gut", schreibt Linse. „Wie Sie wissen, fühle ich mich in meiner Tätigkeit sehr wohl, wenn sie natürlich auch recht anstrengend ist und finanziell nicht befriedigen kann. Mir bleibt aber das schöne Bewusstsein, an einer wichtigen und dankbaren Aufgabe mitarbeiten zu können."

Was Linse so wenig Zeit lässt, die alten Kontakte zu pflegen, sind die Vorbereitungen für den Juristen-Kongress, der im Juli in West-Berlin stattfinden soll. Linse sucht nach möglichen Teilnehmern, lädt sie ein und ist sehr beschäftigt mit der Organisation dieser Tagung, an der über einhundert Juristen teilnehmen sollen. Wenn man der Anklageschrift vom 14. August 1953 des russischen MWD-Staatsanwaltes, Oberstleutnant Fedorenkow, glauben darf, dann hat Linse mehr als zehn Teilnehmer „aus den Kreisen reaktionärer österreichischer Juristen" höchstselbst ausgesucht und eingeladen.[110]

Neben dem geschilderten privat-dienstlichen Briefwechsel, der offensichtlich über Linses Dienststelle und seine Privatadresse geführt wird – wie andere Schriftwechsel auch –, gibt ein Vorgang Aufschluss über Linses gutachterliche Tätigkeit beim UFJ. Im November 1951 wendet sich Wilhelm N. aus Bensberg brieflich ratsuchend an die Juristen-Organisation. Er gibt an, dass er und seine Familie von den Behörden in Werdau „als flüchtig erklärt" worden und deshalb sein Wohnhaus nebst Maschinenfabrik bei Werdau unter städtische Treuhand gestellt worden sei. Ob man ihn in dieser Angelegenheit beraten könne und ob er persönlich vorsprechen solle, will er wissen. Die Anfrage landet wieder beim Leiter der Abteilung Wirtschaft, also bei Linse, der N. wenig Hoffnungen machen will. Widerstand gegen die Treuhandverwaltung sei „zweck- und aussichtslos". Da es sich gleichwohl um eine Unrechtstat handele, werde man den Fall jedoch dokumentieren, damit N.s Ansprüche aufrechterhalten werden können. Obwohl Linse eine persönliche Vorsprache N.s nicht für nötig hält, erscheint dieser am 14. Dezember 1951 in der Dienststelle, um Unterlagen abzuliefern; später schickt er Abschriften weiterer Dokumente. Doch im Moment kann Linse gar nichts für ihn tun.[111] – N.s Probleme haben damit noch kein Ende, aber in der Zwischenzeit wird Linse verschleppt, und der Fall wird von einem Kollegen weiterbearbeitet.

4. Von den Generalakten zum Widerstand

Nicht von ungefähr befasst sich Linse mit den vorstehend referierten Problemen; er ist der Experte für Wirtschaftsfragen im UFJ. Er sammelt alle nur erdenklichen Informationen, die Aufschluss über die Situation der Wirtschaft in den „Irredenta" geben können. Er ist Herr der Generalakten, und er hat einen komplexen Aktenplan für sein Fachgebiet erstellt. Dort heftet er beispielsweise die VEG-Planungsunterlagen des „Hauses der Blumen", Stalinallee, Berlin, für 1955 im Original ab, Abschriften und Kopien von Geschäftsvorgängen des Hauptgeschäfts Neuruppin der HO-Industriewaren von 1951, aber auch die Berichte von Informanten über einzelne Firmen, die Lebensmittelversorgung allgemein und dergleichen mehr.[112] Auch allgemeine Wirtschaftsdaten interessieren ihn, und so findet sich da auch ein „Zusammenfassender Bericht über

---

110 HAIT-Archiv, Akte Walter Linse, Bestand Moskau, S. 26.
111 BArch, B 209, 468.
112 BArch, B 209, 258.

die Erfüllung des Volkswirtschaftsplans 1951".[113] Und so fort. Linses Mitarbeiter im UFJ nehmen die Unterlagen entgegen oder bringen die mündlichen Informationen in Papierform und leiten sie an ihn weiter. Und immer wenn ein Besucher Angaben über die Situation in einem Unternehmen machen kann, geht ein Durchschlag an die Abteilung Wirtschaft.

Manchmal, aber eher selten, empfängt Linse selbst Besucher. So berichtet am 21. August 1951 der Informant „Herbert Liepelt" - alle Informanten und Mitarbeiter werden unter ihren Decknamen geführt - recht ausführlich über die Firma „Meletex", die zur Handelsorganisation (HO) gehöre und in ihrem Auftrag „in Westberlin und Westdeutschland Südfrüchte, Kakao, Schokolade, Mandeln und Nüsse" einkaufe. „Bei allen Bezügen dieser Ware handelt es sich um illegale Geschäfte. Außerdem betreibt die Meletex illegale Geschäfte auch mit sonstigen Waren und Materialien." „Herbert Liepelt" macht Angaben über den Leiter dieser dubiosen Firma und ihre gegenwärtigen geschäftlichen Aktivitäten: dass die Lagerkapazitäten derzeit ausgebaut würden und wo sich diese befänden. Ganz allgemein, berichtet er weiter, könne die HO ihre Planzahlen nicht erfüllen, und während der Weltjugendfestspiele in Berlin seien die Umsätze deutlich zurückgegangen, weil viele Westberliner auf Einkäufe verzichtet hätten.[114]

Über die sich abzeichnende desolate Situation der HO erfährt Linse im Mai mehr, als der Informant „Edmund Moritz", der angibt, Revisionsleiter bei der HO Landesleitung in Halle gewesen und nun geflüchtet zu sein, bei einem Kollegen im UFJ vorspricht. Ihm zufolge habe die HO im Winter 1951/52 Waren zu Niedrigpreisen abgeben müssen, weil sie über Bedarf produziert worden seien. Auf diese Weise habe der Plan im 1. Quartal um 157 Prozent erfüllt werden können. Allerdings habe man mit einer Untererfüllung für die folgenden Quartale gerechnet. Vor kurzem, im Frühjahr, sei dann die aktuelle Textilkollektion präsentiert worden - aber „nicht etwa die benötigten Sommersachen, sondern vorwiegend Wintertextilien und Zellwollerzeugnisse". Außerdem: Wismut, der Staat im Staate, werde weiter ausgebaut; ihre eigene HO eröffne in Halle demnächst ein Kaufhaus.[115]

Am 29. Januar 1952 berichtet Mitarbeiter „Adolf Bayer" über potentielle neue Mitarbeiter für den UFJ bei seinem Arbeitgeber, der HO-Landesleitung Berlin. Er macht weiterhin Angaben über „hartnäckige Sedisten" und solche, die „politisch-neutral" oder „zwar linientreu aber sonst menschlich leidlich vernünftig" seien. Und schließlich offenbart er noch das Defizit seines Arbeitgebers für das Jahr 1951: 450.000 DM. „Es handelt sich jedoch vorwiegend nur um Differenzen, die auf die schlechte Organisation der Buchführung und den Mangel an Revisoren zurückzuführen sind." Linse paraphiert.[116]

Offenbar per Post hat „Alfred Schwalbe" eine Aufschlüsselung der Angestellten der Wismut-Handel (HO) nach Parteizugehörigkeit eingesendet. Zusätzlich

113 BArch, B 209, 4.
114 BArch, B 209, 258.
115 Ebd.
116 Ebd.

berichtet er über einen neuen Trick, der es der Bürokratie ermögliche, Mieter aus ihren Wohnungen in schlechtere Unterkünfte oder gar in andere Regionen umzuquartieren. Ihm selbst habe man – erwartungsgemäß – gekündigt, was er allerdings relativ gelassen hinnimmt. „Wenig trostreiche Lage vor dem Fest. In Geduld u. Zuversicht wird auf den Tag der Befreiung gewartet."[117] Wie die anderen Informationen wandert auch dieser Bericht zu den Generalakten.

Walter Linse, 1951; DPA-Picture Alliance.

Die Entwicklung der HO wird mit großem Interesse verfolgt. Linse verfasst am 4. Januar 1952 ein Rundschreiben an alle Abteilungen, in dem er „nochmals die Anordnung von Herrn Dr. Friedenau in Erinnerung bringen [möchte], urteilsfähige Besucher danach zu fragen, ob die HO bei der Bevölkerung der SBZ noch in gleichem Maße verhasst ist", und darum zu bitten, diesbezügliche

117 Ebd.

Informationen gezielt zu erfragen und an ihn weiterzuleiten.[118] Benötigt werden die Daten für eine in diesen Tagen angedachte Aktion, von der sich relativ umfangreiches Material in den Unterlagen befindet.[119] Linse scheint sie initiiert zu haben. Zunächst wird in einem Text vom 2. Januar 1952 – der Verfasser ist unbekannt – der Beliebtheitsgrad der HO-Läden unter der Bevölkerung untersucht. Das Ergebnis: Sie sind nicht nur nicht besonders beliebt, sondern geradezu verhasst, und man kauft dort nur Dinge ein, die man, obwohl man sie doch benötigt, in den normalen Geschäften nicht kaufen kann. Darüber hinaus sind die Bedingungen dergestalt, dass keine rechte Begeisterung bei den Kunden aufkommen will: Schlangestehen, unsaubere und unästhetische Verkaufsräume und dergleichen mindern das Einkaufsvergnügen erheblich; das Warenangebot ist dürftig und teuer. Kurzum: Die Bewohner der Zone mögen die HO-Läden nicht, und deshalb könnten diese das geeignete Ziel einer Boykott-Aktion sein. Man müsste die Bevölkerung über RIAS auffordern, die HO-Läden für eine bestimmte Zeit zu meiden. Auswählen könnte man einzelne Läden, vor allem solche, die unrechtmäßig in den Besitz der HO gekommen sind. In einer Aktennotiz vom 19. Februar 1952 gibt Linse zu Protokoll: „Es wäre dies eine zweifellos recht wirksame Form des Nervenkrieges gegen das Regime usw. Seine Hauptbedeutung würde in der abschreckenden Wirkung liegen, gleichartiges Unrecht zu verüben, und zu diesem Zwecke müssten in den [RIAS-] Sendungen alle belasteten Personen namentlich genannt werden, mit dem Bemerken, dass sie in unserer Belasteten-Kartei eingetragen worden sind."

Im RIAS stößt die Idee auf Interesse, dort ist man der Meinung, dass es am besten wäre, wenn man weitere Organisationen für die auf mehrere Wochen angesetzte Aktion begeistern könnte. Dazu soll eine Denkschrift erstellt werden, die jedoch nicht überliefert ist, unter deren Dach sich alle versammeln könnten. Allerdings denkt man intern im UFJ auch darüber nach, wie sich für die eigene Organisation Gewinn aus der Aktion schlagen lässt. Sie soll von der Öffentlichkeit dem UFJ zugeschrieben werden, und der UFJ soll auch die Führungsrolle einnehmen; das bedarf „keiner näheren Begründung: Wir sind es, die den Menschen in der Zone die Erlösung gebracht haben. Wir werden auch dem letzten und politisch gleichgültigen Menschen in der Zone bekannt und zu einem Begriff" usw.

Doch es kommt anders, die Aktion wird schließlich nicht durchgeführt. Zuerst kommen Irritationen auf, als ein kleines Dossier mit uneindeutigen Zeitungsausschnitten und dem maschinenschriftlichen Vermerk „Die Sabotageaktionen in der Leipziger HO Warenhaus I Petersstrasse kann als gelungen bezeichnet werden. Am 23. Februar wurden über 100 Damenmäntel auf den Verkaufsständern eingeschnitten" auftaucht. Am 5. März schreibt Linse einen Rundbrief an seine Kollegen, doch auch die wissen von nichts. Vermutlich handelt es sich um „ostzonales Propagandamaterial"; sind die Planungen für die Aktion nach draußen gedrungen? Aber nicht dadurch wird das Schicksal der Aktion besiegelt, sondern durch die ablehnende Haltung des BMG. Was Linse

118 Ebd.
119 Ebd.

bei einer Dienstreise nach Bonn bereits mündlich erfährt, trifft wenig später, am 14. Mai, auch brieflich im UFJ ein. Man hält eine Boykott-Aktion für ein ungeeignetes Mittel, um die Bevölkerung ihren Unmut gegen das Regime ausdrücken zu lassen. Da in der HO ohnehin nur linientreue Genossen einkaufen würden, die normale Bevölkerung aber nicht, hätte die SED ausreichende Mittel in der Hand, den Boykott zu unterlaufen.

Die Informationen, die Linse auf verschiedenen Wegen erhält, verschaffen ihm einen detaillierten Überblick über die zahlreichen Staatsgeheimnisse der DDR-Wirtschaft. Im Grunde ist ja alles geheim, und insofern ist jede Art der Informationsermittlung, auch durch Journalisten, bereits Spionage. Das Regime will nicht, dass die Öffentlichkeit über den Zustand der Wirtschaft informiert wird. Verheimlicht werden sollen aber auch die Rüstungsanstrengungen sowohl der DDR als auch der UdSSR: Die Besatzer lassen durch die Wismut AG im Erzgebirge Uran für die sowjetische Atombombe fördern, und die DDR baut eine konventionelle Produktion auf. Linse ist auch diesem Verstoß gegen internationales Recht auf der Spur. Im sowjetischen Vernehmungsprotokoll vom 17. Dezember 1952 wird ihm in den Mund gelegt: „Die von mir geleitete Wirtschaftsabteilung sammelte Spionageinformationen über die Industriebetriebe der DDR, die Rüstungsgüter herstellen oder auf Rüstungsproduktion umgestellt werden. Es wurden Namen und Standorte dieser Betriebe ermittelt sowie deren Produktionskapazität, Volumen und Art der Erzeugnisse, und welche Erzeugnisse in Zukunft dort hergestellt werden sollten. Die von mir geleitete Abteilung stellte u. a. fest, dass einer der Industriebetriebe in Riesa Panzerplatten herstellte, in Weißenfels Militärstiefel, in Dresden Uniformen und Sättel, in Zwickau und Remingen spezielle Militär-LKWs, in Lausitz Stoffe für Zelte und Rucksäcke, in Zschopau Motorräder für Militärzwecke und in Wismar Hochseeboote gefertigt wurden, die ohne weiteres zu Militärbooten umgerüstet werden konnten."[120]

Was genau Linse in Sachen Wismut ermittelt, was genau die Sowjets in Rage bringt, lässt sich nicht mehr rekonstruieren. Smith vermutet, dass die Sowjets ihn verschleppen ließen, um ihr Atomprogramm weiterhin geheim halten zu können.[121] Vielleicht wollte man aber auch bloß verschleiern, unter welchen Umständen das Uranerz abgebaut wurde, falls Linse sich für sie interessierte: Enteignungen, Umsiedelungen und Zwangsarbeit waren die übliche Praxis, um die Förderung aufrechtzuerhalten.[122]

Was Linse in Erfahrung bringen kann, bleibt selbstredend nicht immer geheim; der UFJ ist nicht nur Nachrichtendienst, sondern hat sich auch die Information der Bevölkerung über die Vorgänge in Mitteldeutschland auf die Fahnen geschrieben. Etwas weniger verklausuliert: Propaganda war ein integraler und sicher nicht der unwichtigste Bestandteil der Arbeit des UFJ. Linse erstellt ein Dossier über die geheimen Rüstungsanstrengungen der DDR und präsentiert seine Ergebnisse in einer Pressekonferenz Anfang Juli 1952. „Neues

120 HAIT-Archiv, Akte Walter Linse, Bestand Moskau, S. 12.
121 Smith, Kidnap city.
122 Vgl. Beyer u. a., Wismut –"Erz für den Frieden"?; Roeling, Arbeiter im Uranbergbau.

aus der Rüstungsindustrie des Sowjetischen Sektors" heißt die Schrift, die von der Anklage vor dem Militärtribunal später als Beweismaterial gegen Linse verwendet wird.[123] Linse macht sich in der Haft Vorwürfe wegen dieser Pressekonferenz. Rückblickend räumt er ein, dass es nicht der reine Idealismus, sondern auch persönlicher Ehrgeiz gewesen ist, der ihn angetrieben hat, die Informationen breit zu streuen, protokolliert sein Zellenspitzel am 28. November 1952. Er ahnt, dass ihm diese Pressekonferenz noch schaden wird, sollte er einst in sowjetischen Gewahrsam übergeben werden.[124]

In der Summe bewegt sich Linse in einem Feld, in dem es für die DDR viel zu verlieren gibt: Flüchtlinge nehmen ihr Hab und Gut mit in die Bundesrepublik und entziehen der DDR damit Wirtschaftskraft. Ob es sich dabei nun um Möbel handelt oder Binnenschiffe – Linse hat sich entschieden, auf welcher Seite er kämpfen will: auf der der in ihrer wirtschaftlichen und politischen Handlungsfreiheit behinderten Individuen.[125] Es wundert einen nicht, dass das MfS auf ihn aufmerksam wird.

5. Im Visier des Ministeriums für Staatssicherheit

Für Linses Biographie bedeutet der 8. Juli 1952 eine Zäsur; jetzt beginnt sein Martyrium in den Fängen von Staatssicherheitsdienst und MGB. Desgleichen gilt für die Öffentlichkeit, insbesondere die Berliner, die von diesem Tag an für lange Zeit aufgewühlt ist und die sich bis zu dem Tag interessiert zeigt, an dem Linses Schicksal endlich bekannt wird. Die Planungen des MfS zur Verschleppung Linses laufen zu diesem Zeitpunkt allerdings schon seit einer geraumen Weile, unbemerkt, gleichsam unterirdisch, und die Tat ist lediglich ein spektakulärer Höhepunkt auf einem Weg, der irgendwann im Jahre 1951 beschritten worden ist.

Der Staatssicherheitsdienst nimmt zunächst eher zufällig Notiz von Linse. Am 21. August 1951 werden Gepäck und Personalien eines – unbekannten – Ehepaars, Freunde der Linse, die von ihrem Besuch zurückkehren, im Zug von Berlin nach Chemnitz kontrolliert. Es werden bei diesem Paar ein paar Dinge gefunden, die die Aufmerksamkeit der Kontrolleure auf sich ziehen. „Lebens- und Genussmittel aus Westberlin" werden zutage gefördert, was offenbar ein hinreichender Grund ist, die beiden der Abteilung K zu übergeben und ein Strafverfahren wegen Verstoßes „gegen die Richtlinien des Innerdeutschen Zahlungsverkehrs (IDH)" einzuleiten. Des Weiteren führen die beiden einen Nachthemdenstoff mit sich, der an eine in Chemnitz wohnhafte Frau übergeben werden soll, und eine Postanweisung über 430 DM Ost an ein – wiederum unbekanntes – Fräulein.

Als wichtigster Fund stellt sich allerdings etwas anderes heraus: ein Brief von Helga Linse, der einem Dr. med. in Zwönitz übergeben werden soll. Helgas

123 HAIT-Archiv, Akte Walter Linse, Bestand Moskau, S. 2 f.
124 BStU, ZA, MfS, GH 105/57, Bd. 4, S. 490.
125 Vgl. ebd., Bd. 1, S. 139 f. und 170 f.

Brief ist im Original nicht erhalten, in der MfS-Überlieferung liest er sich so: „Die Tage der Festspiele hat die ganze Dienststelle bis nachts beschäftigt, täglich kommen Hunderte. Mit Wälti [Walter Linse] ist gar nicht mehr zu reden, so kaputt und überreist ist er. Zwei Jahre lang kein Urlaub und was für Ereignisse!!! ... Jetzt habe ich gerade [x] hier, die diesen Brief mitnimmt, so dass ich freier schreiben kann. Sonst habe ich für Dich solche Sorge wegen Bespitzelung usw., dass ich gar nicht gern mehr schreibe. Verschiedene Freunde aus der Heimat, die uns in den letzten Wochen besuchten, baten um Deckadresse, nachdem W. im Radio erwähnt wurde, seine Vorträge usw. Im Tagesspiegel erschien er auch auf der Titelseite. Ein heißes Eisen. Aber schön. Er ist sehr dabei und entsprechend befriedigt. Sobald der für kommende Woche angemeldete Besuch, auch Ostzone, weggefahren sein wird, muss ich losfahren, um unser Ferienquartier ausfindig zu machen."[126]

Zu diesem Zeitpunkt, als der Brief abgefangen wird, ist Linse allem Anschein nach noch gar nicht verdächtig, noch nicht im Visier des MfS. Erst Ende Oktober 1951, kann man anhand der Akten nachvollziehen, stellen die Chemnitzer Genossen Ermittlungen über ihn an. Man beschafft sich ein aktuelles Photo. Die Schreibtischtäter wollen nun wissen, mit wem sie es überhaupt zu tun haben, Linse ist für sie ein unbeschriebenes Blatt. Eine erste Charakterisierung ist vom 27. Oktober 1951 überliefert: Linses Lebenslauf wird rekapituliert, und da ein Informant seinen Personalbogen eingesehen hat, kommt dem MfS auch seine Mitarbeit für „Ciphero" und seine Entnazifizierung zur Kenntnis. Auch über Helga werden Informationen eingeholt. Am 2. November setzen die Chemnitzer zudem ein Telegramm nach Berlin ab, um die Zeugenaussage zu überprüfen, dass Linse nun „Geschäftsführer der ‚Freih[eitlichen] Juristen' in Berlin ist". Doch siehe da: Es haben bereits andere, mächtigere Stellen ihre Hände im Spiel. Die Berliner Dienststelle verweigert den sächsischen Genossen die Amtshilfe. „Im Auftrag der Instrukteure wird keine Auskunft gegeben."[127]

Spätestens jetzt, aber wahrscheinlich schon zwischen August und Oktober ist sich das MfS in Chemnitz über die Bedeutung Linses klar geworden. Man verknüpft nun zwei Ermittlungsstränge, die eigentlich in keiner Verbindung zueinander stehen. Da ist zum einen der im August abgefangene Brief von Helga, andererseits ein Ermittlungsverfahren gegen den „ehemaligen Leiter der Widerstandsgruppe [„Ciphero"] Dr. jur. [x]", bei dem es sich nur um Walter Oelschlägel handeln kann. Einem Zwischenbericht der Dienststelle Chemnitz vom 16. November ist zu entnehmen, dass Linse Oelschlägel nach 1945 als Zeugen angegeben hat. Oelschlägel selbst soll bis zur Schließung durch die Besatzungsmacht 1947 ein „Auskunftsbüro" betrieben und versucht haben, „ehemalige NS-Angehörige und andere dunkle Elemente für die Arbeit im Auskunftsbüro und als Auskunftspersonen zu organisieren". Das MfS hat die Ermittlungen 1950 aufgenommen, als bei einer weiteren Person zwei Briefe Oelschlägels gefunden werden, „die vermutlich chiffriert geschrieben waren, zur persönlichen Weiterbeförderung an zwei Empfänger in Westberlin [...], die bei [x] bei

126 BStU, ZA, AP 69/56, S. 14 und 23.
127 Ebd., S. 20.

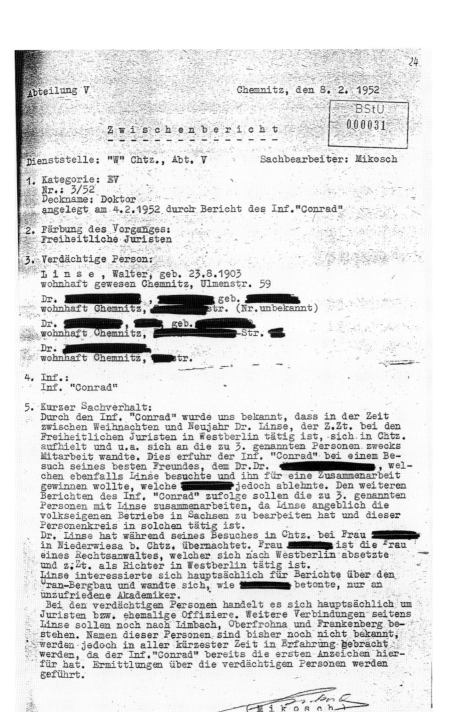

Abteilung V   Chemnitz, den 8. 2. 1952

Z w i s c h e n b e r i c h t
- - - - - - - - - - - - - - -

Dienststelle: "W" Chtz., Abt. V   Sachbearbeiter: Mikosch

1. Kategorie: EV
   Nr.: 3/52
   Deckname: Doktor
   angelegt am 4.2.1952 durch Bericht des Inf."Conrad"

2. Färbung des Vorganges:
   Freiheitliche Juristen

3. Verdächtige Person:

   L i n s e , Walter, geb. 23.8.1903
   wohnhaft gewesen Chemnitz, Ulmenstr. 59

   Dr. ████████ , ████ geb. ████████
   wohnhaft Chemnitz, ████████ str. (Nr.unbekannt)

   Dr. ████ , ████ geb. ████████
   wohnhaft Chemnitz, ████████ -Str. ██

   Dr. ████
   wohnhaft Chemnitz, ████ str.

4. Inf.:
   Inf. "Conrad"

5. Kurzer Sachverhalt:
   Durch den Inf. "Conrad" wurde uns bekannt, dass in der Zeit
   zwischen Weihnachten und Neujahr Dr. Linse, der z.Zt. bei den
   Freiheitlichen Juristen in Westberlin tätig ist, sich in Chtz.
   aufhielt und u.a. sich an die zu 3. genannten Personen zwecks
   Mitarbeit wandte. Dies erfuhr der Inf. "Conrad" bei einem Besuch seines besten Freundes, dem Dr.Dr. ████████ , welchen ebenfalls Linse besuchte und ihn für eine Zusammenarbeit
   gewinnen wollte, welche ████████ jedoch ablehnte. Den weiteren
   Berichten des Inf. "Conrad" zufolge sollen die zu 3. genannten
   Personen mit Linse zusammenarbeiten, da Linse angeblich die
   volkseigenen Betriebe in Sachsen zu bearbeiten hat und dieser
   Personenkreis in solchen tätig ist.
   Dr. Linse hat während seines Besuches in Chtz. bei Frau ████████
   in Niederwiesa b. Chtz. übernachtet. Frau ████████ ist die Frau
   eines Rechtsanwaltes, welcher sich nach Westberlin absetzte
   und z.Zt. als Richter in Westberlin tätig ist.
   Linse interessierte sich hauptsächlich für Berichte über den
   Uran-Bergbau und wandte sich, wie ████████ betonte, nur an
   unzufriedene Akademiker.
   Bei den verdächtigen Personen handelt es sich hauptsächlich um
   Juristen bzw. ehemalige Offiziere. Weitere Verbindungen seitens
   Linse sollen noch nach Limbach, Oberfrohna und Frankenberg bestehen. Namen dieser Personen sind bisher noch nicht bekannt,
   werden jedoch in aller kürzester Zeit in Erfahrung gebracht
   werden, da der Inf."Conrad" bereits die ersten Anzeichen hier-
   für hat. Ermittlungen über die verdächtigen Personen werden
   geführt.

                              (M i k o s c h)

Zwischenbericht des MfS; BStU, ZA, MfS, GH 105/57, Bd. 6.

seiner Festnahme wegen Besitz von Gold und Silber gefunden wurden. Die gesamten jetzt vorliegenden Unterlagen über die Personen, die in Verbindung mit Dr. Linse zu bringen sind, werden bei der hiesigen Dienststelle zu einem Gesamtvorgang zusammengezogen, da sie bei der jetzigen Funktion des Dr. Linse [...] einer dringenden Bearbeitung bedürfen. Es ist stark zu vermuten, dass Dr. Linse ehem. Angehörige der Widerstandsgruppe Ciphero zu feindlicher Arbeit für die ‚Freiheitlichen Juristen' in der DDR ausnutzt, außerdem dass [x – vermutl. Oelschlägel] eine bestimmte Kuriertätigkeit für Linse ausübt.“[128]

Diese vagen Vermutungen – Helgas Brief und mutmaßlich chiffrierte Briefe Oelschlägels nach West-Berlin – sind für die Tschekisten Grund genug, weitere Nachforschungen über Linse anzustellen und „Maßnahmen“ einzuleiten. Ob sie tatsächlich umgesetzt werden, ist nicht bekannt, aber unwahrscheinlich ist es nicht: Das Strafverfahren, das gegen das Ehepaar eingeleitet worden ist, bei dem Helgas Brief gefunden wurde, soll vereitelt werden, um die beiden als Spitzel anzuwerben; Informationen über die im Bericht erwähnten Personen (vier Namen wurden von BStU geschwärzt) sollen eingeholt werden; ihre Post soll überwacht werden; und ein ehemaliger Angehöriger der „Ciphero“-Gruppe soll geworben werden, um dieses mutmaßlich noch bestehende Netzwerk zu durchleuchten.[129]

Schon kurze Zeit später sind weitere Verbindungen Linses nach Sachsen ausfindig gemacht, wie ein Vermerk vom 1. Dezember zeigt. Unter ihnen ist auch eine Ärztin, die „nach Schaffung von kompromittierendem Material angeworben werden“, vulgo: erpresst werden soll. Ihr soll von einer konspirativ auftretenden MfS-Mitarbeiterin 500 DM für einen illegalen Schwangerschaftsabbruch angeboten werden. „Wenn die [x] einverstanden ist, wird ihr das Geld ausgehändigt und zu einem späteren Zeitpunkt der Tag des Eingriffes vereinbart. Daraufhin soll Werbung erfolgen.“[130]

Was sich weiter ereignet, nachdem das MfS die Verdachtsuppe kräftig gerührt hat, lässt sich trotz kleinerer Unklarheiten und lückenhaften Aktenmaterials recht sicher rekonstruieren: Es gelingt dem MfS, einen Informanten zu gewinnen, der mal „Konrad“, mal „Conrad“ geschrieben wird. „Konrad“ also berichtet seinem Kontaktmann beim MfS, Mikosch, Anfang Januar 1952 von einem Gespräch, das er mit einem Dr. [x] am Silvestertag geführt habe. „Er erzählte mir, dass LINSE in Chemnitz gewesen ist und ihn kurz besucht hätte. Er suche Stimmung zu machen, für die freiheitlichen Juristen in Berlin. [...] LINSE suche aber Verbindung mit hiesigen unzufriedenen Akademikern um Berichte über den Uranbergbau im Erzgebirge zu erhalten.“[131] Wo „Konrad“ noch den Konjunktiv verwendet, schreibt Inspektor Kleinjung am 17. Januar in einem Sachstandsbericht zum „Vorgang Ring“ bereits im Indikativ. Er weiß, „dass der ehem. Dr. jur. Linse in der Zeit zwischen Weihnachten und Neujahr 1951 sich in Chemnitz aufhielt“. Er habe einen gewissen Dr. Dr. [x] besucht

---

128 Ebd., S. 23 f.
129 Ebd., S. 24.
130 Ebd., S. 21.
131 BStU, ZA, MfS, GH 105/57, Bd. 6, S. 6.

und vergeblich zur Mitarbeit aufgefordert. Gleichwohl traut Kleinjung seinem Informanten nicht über den Weg, denn er schickt am 10. Januar ein Fernschreiben nach Berlin und bittet um Hinweise über Linses Aufenthaltsort zum fraglichen Zeitpunkt. „Dies soll eine gleichzeitige Überprüfung des Inf. Berichtes sein.“[132] Die Antwort aus Berlin liegt nicht vor, doch sie scheint der Glaubwürdigkeit des Informanten zumindest nicht abträglich gewesen zu sein. Da es trotz Nachforschungen nicht gelingt, Linses Aufenthaltsort in Chemnitz zum fraglichen Zeitpunkt zu ermitteln, nimmt man an, er habe bei einem seiner zahlreichen Freunde oder Bekannten übernachtet. Obwohl kein Beleg existiert, der die Aussage „Konrads“ stützen könnte, wird die Vermutung zur Gewissheit: Linse war zwischen Weihnachten und Silvester 1951 in Chemnitz und versuchte, Mitarbeiter für den UFJ zu werben! Am 2. Februar 1952 heißt es in einem Sachstandsbericht des Kommissars Mikosch, ohne Anflug eines Zweifels: „Linse hatte in dieser Zeit sich an hiesige unzufriedene Akademiker gewandt, wie Dr. [x] und vermutlich Dr. [x] und Dr. [x] und andere, um diese zur Mitarbeit [...] zu gewinnen. Er verlangte Berichte über den Uran-Bergbau.“[133]

Für das MfS ist „Konrad“ der Kronzeuge in den Ermittlungen gegen Linse. Doch wer ist „Konrad“? Handelt es sich um einen ehemaligen Mitverschwörer von „Ciphero“? Wenn ja, und wenn sein Deckname so einfallslos vergeben worden wäre, wie so oft: nämlich einfach sein wirklicher Vorname, dann wäre die Identität von „Konrad“ geklärt, denn die Liste der „Ciphero“-Mitglieder verzeichnet lediglich einen Konrad, einen jungen Mann, der in der Poststelle des Chemnitzer Ersatzheeres eingesetzt war.[134] Aber zu behaupten, „Konrads“ Identität wäre damit geklärt, ist zu kühn. Aussagen über seine Glaubwürdigkeit

Das MfS beschafft sich aus unbekannter Quelle ein Passbild von Linse; BStU, ZA, MfS, GH 105/57, Bd. 6.

132 Ebd., Bd. 6, S. 8 und 27.
133 Ebd., Bd. 6, S. 29.
134 StadtA Chemnitz, Antifa-Block, Sign. 65, Bl. 22.

zu machen, fällt wesentlich leichter. Mampel hält ihn für einen Lügner und seine Berichte für „reine Phantasieprodukte“. Niemals, so seine Überzeugung, wäre Linse so unvorsichtig gewesen, nach seiner Flucht erneut in die DDR zu fahren und sich dadurch in Gefahr zu begeben.[135] Dass Mampel Linse in Schutz nimmt, ist verständlich, aber immerhin ist Linse so unvorsichtig, während seiner Zeit beim UFJ – im Gegensatz zu seinen Kollegen, auch Mampel selbst, der unter „Alfred Leutwein“ firmiert – keinen Decknamen zu führen. Dafür ist er aber mit vollem Namen und Adresse im Telephonbuch eingetragen. Bei der Lektüre zu dem Fall entsteht der Eindruck, dass Linse ein eher sorgloser Mensch ist, der im Gehen Zeitung liest und alle Warnungen, dass seine Lebensweise ausspioniert werde, in den Wind schlägt.[136] Warum sollte er also nicht das Risiko einer Fahrt nach Chemnitz, gleichsam in die Höhle des Löwen, auf sich nehmen?

Obwohl Linse also die Gefahren unterschätzt, denen er als UFJ-Mitarbeiter ausgesetzt ist, hat Mampel vermutlich dennoch recht, wenn auch aus den falschen Gründen. „Konrad“ ist ein Lügner. Linses Zellengenosse bringt später einen glaubhaften Beleg, als er in seinem Spitzelbericht vom 24. Juli 1952 referiert, wie Linse das vorangegangene Verhör reflektiert, in dem man ihn immer wieder auf die vermeintliche Fahrt nach Chemnitz angesprochen hätte, obwohl er seit seiner Flucht nie mehr dort gewesen wäre.[137] Aber für die Wahrheit interessiert sich beim MfS weder jetzt noch später jemand. Richtig ist, was in die Verschwörungstheorie passt, die sich hier bereits auszubilden beginnt, auch wenn sie ihre volle Reife erst in späteren Jahren erreichen wird.[138] „Konrads“ Informationen passen in das Bild von Linse, das sich das MfS von ihm macht. Sein Fall wird aus dem Gruppenvorgang „Ring“ herausgenommen, für den „Konrad“ offenbar eigentlich eingesetzt ist, und am 29. Januar wird ein so genannter Operativer Vorgang „Doktor“ eröffnet, der „auf Grund von Berichten des IM ‚Konrad‘ erstellt“ wird, wie ein Sachstandsbericht vom 19. Februar ausweist.[139]

Weitere Ermittlungen werden angestellt. Man findet heraus, dass Linse keinen PKW besitzt. Und „Conrad“ phantasiert weiter. Am 16. Januar meldet er: „Er bedient sich bisweilen eines Decknamens den ich aber bis jetzt noch nicht kenne. Aber sofort wie ich ihn erfahren habe ihnen mitteile.“[140] Die Namen und Adressen von Eltern und Schwiegereltern herauszufinden, ist dagegen unproblematisch. Linses Tätigkeit beim UFJ wird jetzt genauer unter die Lupe genommen, man versucht zudem, seine Verbindungen nach Chemnitz zu rekonstruieren. Ein Organigramm mit seinen Kontakten wird aufgezeichnet. „Bei den verdächtigen Personen handelt es sich hauptsächlich um Juristen bzw. ehemalige Offiziere“, weiß Sachbearbeiter Mikosch in einem Bericht vom 8. Februar.

135 Mampel, Entführungsfall Dr. Walter Linse, S. 13 f.
136 Vgl. etwa LA Berlin, E Rep. 300-62, Nr. 26.
137 BStU, ZA, MfS, GH 105/57, Bd. 4, S. 347. Bästlein, Der Fall Mielke, S. 147, folgt unkritisch der MfS-Sicht.
138 Vgl. Köster, Die Überwachungslogik der DDR-Staatssicherheit.
139 BStU, ZA, MfS, GH 105/57, Bd. 4, S. 280.
140 Ebd., Bd. 6, S. 9.

Doch alle noch so detaillierten Arbeitspläne, an deren einzelne Aufgaben zumeist handschriftlich „erl." vermerkt ist, scheinen nicht so recht zu einem Ergebnis zu führen. Die Ermittlungen treten auf der Stelle, weil „Konrad" offenbar die einzige und zudem nicht besonders ergiebige Quelle für die Genossen ist. Beide Umstände spielen jedoch keine Rolle, denn zu diesem Zeitpunkt ist man im MfS von der Gefährlichkeit Linses überzeugt: Die Denunziation durch „Konrad" und Linses exponierte Position bei den „Freiheitlichen Juristen" reichen aus.

Welchen Weg die Entscheidungen in Sachen Linse von März an nehmen, lässt sich nicht im Detail rekonstruieren, aber es kann als sicher gelten, dass jetzt die Entscheidung heranreift, ihn in die Gewalt der „Sicherheitsorgane" zu nehmen.[141] Laut Schlussbericht des zuständigen Mitarbeiters des MfS in Berlin, Paul Marustzök, ergeht am 14. Juni die Weisung zur Verschleppung, die in den Akten als „Festnahme" verklausuliert wird. Von wem die Order ausging, wer von ihr wusste und wie viel mitzureden hatte, darüber kann nur spekuliert werden. Unstrittig ist nur, dass die Entführung „von oben" angeordnet wurde,[142] dass „die Freunde" ihre Zustimmung gaben oder die Tat sogar initiierten. Wie Hagen in seiner Studie ausführt, fühlte man sich 1952 in Moskau durch die Aktivitäten des UFJ und anderer Gruppen derart bedroht, dass man in „einer beinahe hysterischen Atmosphäre" die Liquidierung der Gegner des Kommunismus Moskauer Prägung beschlossen habe.[143] Mit Bestimmtheit lässt sich sagen, dass höchste Vertraulichkeit angestrebt wurde. Lediglich ein kleiner Kreis im MfS war in das Vorhaben eingeweiht. Angeblich erhielt der Chef des MfS, Zaisser, von den sowjetischen „Beratern" den Befehl, sogar das ZK der SED über den Vorgang zu belügen.[144]

Die Entscheidung, Linse zu entführen, war mit Sicherheit nicht als Ersatzhandlung für ein wegen des Begleitschutzes schwer durchzuführendes Kidnapping von „Dr. Friedenau" gedacht. Deriabins Behauptung, dass Linse gewählt worden sei, weil „Dr. Friedenau" kurzfristig nach Schweden abgereist sei,[145] überzeugt genauso wenig wie die auf eine anonyme BND-Quelle gestützte Vermutung, dass Linse durch seine Arbeit in eine Intrige geriet und Mielke ihn entführen ließ, um einen Doppelagenten des MfS, den vormaligen Justizminister Sachsens, jetzt stellvertretenden Ministerpräsidenten der DDR und Vorsitzenden der LDPD in Sachsen, Hermann Kastner, zu schützen.[146] Dagegen spricht viel dafür, dass sich der Fall Linse innerhalb des MfS zu einem Selbstläufer entwickelte, der ganz logisch auf das Ziel hinauslief, seiner habhaft zu werden und den hartnäckig leugnenden vermeintlichen Topagenten für immer zum Schweigen zu bringen, um keinen Irrtum eingestehen zu müssen, der nicht sein durfte.

Aber auch die Vermutung, dass man Linse zunächst für einen Schauprozess zu präparieren gedachte, erscheint plausibel, wenn man bedenkt, dass seine

141 Vgl. Smith, Kidnap city, S. 118.
142 Vgl. Murder, Inc., S. 32.
143 Hagen, Der heimliche Krieg auf deutschem Boden, S. 226.
144 Informationsbrief des UFJ, Nr. 31 vom 10.9.1952 (BArch, Zsg. 1-97/53).
145 Vgl. Murphy/Kondrashev/Bailey, Battleground Berlin, S. 117.
146 Vgl. Mülder, Zwei Schüsse ins Wadenfleisch. In: FAZ vom 8.7.2002.

Verschleppung der Auftakt zu einer Reihe von Aktionen – Verhaftungen und Schauprozesse – gegen UFJ-Mitarbeiter in der ganzen DDR war. Was lediglich nicht in die geplante Dramaturgie passte, war die öffentliche Aufmerksamkeit, die der Fall erregte. Sie verhinderte letztlich, dass Linse – ungleich anderen – die Möglichkeit erhielt, durch öffentliche Selbstbezichtigungen und Verrat sein Leben zu retten.

V. Wie vom Erdboden verschluckt

1. Im Sommer 1952

Auch über Linses letzte Tage als freier Mann kann man wenig sagen; es liegen nur sehr wenige Daten vor. Am Tattag ist er Strohwitwer, denn seine Frau Helga hat sich wegen eines Ohrenleidens in ein Krankenhaus am Rhein begeben müssen. In einem Brief vom 12. Juli 1952 an Minister Kaiser berichtet der Pfarrer der Kirchengemeinde „Heilige Familie", wohin es die Linses nur wenige Fußminuten haben und aktiv am Gemeindeleben teilnehmen, über ihren Zustand: „Sie hat vor drei Monaten eine sehr schwere Ohrenoperation durchgemacht, die total misslungen ist. Die wahrscheinliche Folge ist völlige Ertaubung. Um sich zu erholen und sich zugleich für eine neue Operation zu kräftigen, ist sie nach Nonnenwerth gegangen."[147] Vor kurzem ist Linse bei ihr gewesen, als er auf einer Vortragsreise durch die Bundesrepublik war. Von Frankfurt am Main ist er dann zurück nach Berlin geflogen. Die Krankheit von Helga ist eine Belastung. Noch vor wenigen Tagen, am 25. Juni, hat eine ehemalige Mitarbeiterin Linses beim UFJ versucht, ihn aufzumuntern. „Hoffentlich geht es Ihnen gut, sehr geehrter Herr Dr. Linse, und Sie haben nicht zu große Sorgen um die Gesundheit Ihrer Gattin." Linse antwortet am 1. Juli mit einen Brief in ihre neue Heimat im Westfälischen, der betont gut gelaunt ist, eine gewisse Melancholie jedoch kaum verbergen kann: „Seitdem hier bekannt geworden ist, dass Sie uns verlassen wollen, sind alle Räumlichkeiten des UFJ und sein gesamtes weiträumiges Gelände von den Wellen der Tränen des Schmerzes überschwemmt worden. Wir haben natürlich für Ihre Entschließung an sich durchaus jedes Verständnis. Der Schmerz bleibt uns selbstverständlich gleichwohl. Sie kennen ja die Freude hier im Hause, wenn man in den weitverzweigten Gängen einmal jemand trifft, der ebenfalls zu den ‚Alten' gehört. Diese Freude ist seit Ihrem Weggang noch größer geworden, weil die ‚Alten' seltener geworden sind. Es wimmelt von ‚Neuen', und noch immer ist kein Ende abzusehen."[148]

Vielleicht ist es für Linse eine Art Therapie, wenn er sich wieder in seine Arbeit stürzt. Bis spätabends bereitet er mit einem Mitarbeiter einen „Generalplan" vor, den er schließlich der Presse vorstellt. Die Arbeit soll seine Eintrittskarte für eine weitere Karriere, gerne in einem Ministerium, sein. Er will den Beweis erbringen, dass die DDR heimlich aufrüstet; eine Beschreibung des sow-

---

147 BArch, B 137, 1063.
148 BArch, B 209, 959.

jetischen Militärpotentials in Mitteldeutschland soll vorgelegt werden. So sehr beschäftigt die Ausarbeitung Linse, dass er auch Wochen später, im November, seinem Zellengenossen immer wieder davon erzählt.[149]

Am Vorabend des Verbrechens, einem Montag, habe Linse im Pressezimmer des UFJ mit dem Chefredakteur einer Zeitschrift, Fritz Prengel, und seinem Assistenten über die „Konzeption von Freiheit in der Politik" diskutiert, berichtet Hagen. Ob und welche weiteren Teilnehmer zugegen waren, ist nicht überliefert. Linse habe aus Platons „Staat" zitiert und versprochen, am nächsten Tag einen Beleg für eine von ihm vertretene These mitzubringen.[150] Es ist nicht ganz klar, ob an dieser Stelle bereits die Legendenbildung einsetzt, ob Hagen nicht eher eine Art Hagiographie vorlegt. In der Aufstellung der Gegenstände, die der MfS-Scherge Munsche am nächsten Tag Linse abnimmt, ist dergleichen nicht aufgeführt. Lediglich der Posten „1 Flugkarte Berlin-Frankfurt" deutet auf eine vorangegangene oder geplante Reise hin.[151]

Linse verlebt seine letzten Tage und Wochen in Freiheit nicht völlig ahnungslos. Aber er handelt nicht entsprechend, während das MfS ihn fest im Auge hat und die Schlinge immer enger zuzieht. Es gibt Anzeichen, dass eine Verschleppung geplant wird; den Tätern gelingt es nicht, absolute Konspiration zu wahren. Aber man weiß die Signale nicht recht zu deuten, weiß nicht, wie konkret die Pläne sind. Bereits Ende Juni werden Nachbarn auf Männer aufmerksam, die in einem BMW mit Ostberliner Kennzeichen sitzen und Passanten mit einem Photo vergleichen. Einer – vielleicht aber auch der Einzige – der aufmerksamen Nachbarn, ein Steuerinspektor, führt jeden Morgen vor Dienstantritt seinen Hund, einen Dackel, aus und bemerkt bei dieser Gelegenheit auch zwei Männer, die ihm suspekt erscheinen, weil sie ein Photo in der Hand halten und mit Schlagkissen bewaffnet sind. Die Polizei wird auf die verdächtigen Vorgänge aufmerksam gemacht, aber als die Beamten eintreffen, ist der Wagen bereits verschwunden. Ein ähnlicher Vorfall ereignet sich wenige Tage später, und wieder kommen die Beamten zu spät. Anfang Juli stellt die Polizei schließlich für drei Tage einen Posten ab, doch als die Verdächtigen nicht mehr auftauchen, wird er wieder abgezogen und die Gerichtstraße nur noch sporadisch von Streifenwagen angefahren.[152] Mit beißender Ironie kommentieren später die Redakteure des „Tagesspiegel" das Versagen, wie sie meinen, der Polizei: „Immer korrekt. Ein Westberliner rief die Politische Polizei an. ‚Vor meinem Hause parkt ein verdächtiger Wagen mit mehreren Männern.' ‚Na und', fragt es zurück, ‚ist da Parkverbot?'"

Linse bleibt sorglos, obwohl er Bescheid weiß. Er erhält weitere, konkrete Warnungen. Nach der Tat gibt ein junger Mann seine Erfahrungen gegenüber der Staatsanwaltschaft zu Protokoll. Demnach wohnt der Mann in Linses Nachbarschaft und ist Anfang 1952 auf der Potsdamer Dienststelle des MfS von einem gewissen Günter vernommen worden. Günter scheint das Verhör auch

149 Spitzelbericht vom 28.11.1952 (BStU, ZA, MfS, GH 105/57, Bd. 4, S. 489 f.).
150 Hagen, Der heimliche Krieg auf deutschem Boden, S. 227.
151 BStU, ZA, MfS, GH 105/57, Bd. 1, S. 7.
152 Tagesspiegel vom 9.7.1952; Landgericht Berlin, Az., (502) 2 P KLs 9/55 (349.55), S. 12 (BArch, B 137, 1063).

dazu genutzt zu haben, um vor dem Mann ein wenig zu prahlen. Man sei über die Westberliner Szene, vor allem aber über den UFJ und Linse, bestens informiert. Sogar ein Photo von ihm habe man sich beschafft. Der Mann wird wieder freigelassen und stattet Linse am 25. Juni 1952 einen ersten nachbarschaftlichen Besuch in der Gerichtstraße ab, dem weitere folgen. Dem Bericht über das eigenartige Verhör widmet Linse aber nur geringe Aufmerksamkeit.[153]

Der Tag, an dem Linse schließlich verschleppt wird, verspricht ebenso schön zu werden, wie der zuvor. „Das vielgerühmte Berliner Klima", verlautet der Wetterbericht von Linses Morgenzeitung am Tattag, dem „Tagesspiegel", werde die Sommerhitze „trotz stärkster Sonneneinstrahlung" erneut unter 30°C halten können. Während sich die Hitze im Rheintal bereits seit mehreren Tagen staue und Temperaturen von bald 40°C bringe, werde Berlin frischen Wind von der Ostsee erhalten. Im Haus zieht Linse seinen neuen Anzug an. Als er am Morgen heraustritt, hält er die Zeitung in der Hand, um unterwegs noch ein wenig darin zu lesen. „Erster Sieg Eisenhowers in Chicago" lautet die Schlagzeile des Berichts von der Nominierung des Präsidentschaftskandidaten der Republikanischen Partei der USA. Adenauer trifft seine Vorbereitungen für die auf Mittwoch und Donnerstag angesetzte Bundestagsdebatte über den Generalvertrag. Aus de Gaulles Partei treten rund 50 Mitglieder aus. Und Dänemarks Außenminister rechtfertigt den Verkauf eines Dampfschiffs an die Sowjetunion.

Die Gerichtstraße ist eine kurze, eher verschlafene Straße mit schönen Häusern und Gärten. Als Linse um 7.22 Uhr erscheint, wie es in einem MfS-Bericht heißt, ist dennoch einiges los: Vor dem Haus parkt ein Taxi, in dem zwei Männer sitzen, dahinter hat ein Mann seinen VW-Lieferwagen aufgebaut. Kurz zuvor ist ein Mann erschienen, der seinen Dackel ausführt. Von links nähert sich eine Frau, die Milch holen will. Auf der anderen Straßenseite kommen ihr zwei weitere Frauen entgegen. Richtung Drakestraße scheinen zwei junge Männer jemanden zu erwarten.[154] Dass Linse, wie Hagen zu wissen vorgibt,[155] seine Brille putzt, in die Sonne blinzelt und kurz überlegt, ob er mit dem Taxi zur Arbeit fahren soll, ist zweifelhaft. Eher ist es so, dass Linse wie gewohnt zu Fuß zum S-Bahnhof Lichterfelde West gehen will, um dort seine beiden Kollegen Mampel und Rosenthal zu treffen und gemeinsam mit ihnen drei Stationen bis zum Bahnhof Lindenthaler Allee zu fahren, von wo sie den Rest des Wegs zur Dienststelle zu Fuß zu gehen.[156]

153 BArch, B 137, 1063.
154 BStU, ZA, MfS, GH 105/57, Bd. 5, S. 42; Tagesspiegel vom 9.7.1952.
155 Hagen, Der heimliche Krieg auf deutschem Boden, S. 221.
156 Mampel, Entführungsfall Dr. Walter Linse, S. 13.

2. Die „Gruppe Weinmeister"

Mit der Umsetzung der von unbekannter Stelle angeordneten Verschleppung Linses – im MfS-Jargon „Aktion Lehmann" genannt – wird ein Mitarbeiter der Abteilung V des MfS betraut, ein gewisser Paul Marustzök. Marustzöks Kader- und Schulungsakte vermittelt ein recht anschauliches Bild seines Werdegangs und seiner Persönlichkeit.[157] Er ist von untersetzter Gestalt und zum Zeitpunkt der Tat dreißig Jahre alt. Geboren in einer Arbeiterfamilie, steht er nicht gerade auf der Sonnenseite des Lebens. Sein Vater stirbt, als Paul vier ist. Er wird von wechselnden Verwandten großgezogen, da er sich mit seinem Stiefvater nicht verträgt. Auch der Kontakt zu den Geschwistern bricht im Verlauf der Zeit ab. In einer Charakterisierung heißt es: „Die genannten Verwandten sind halbasoziale Elemente." 1945 heiratet er zum ersten Mal „seine jetzige Ehefrau [x] verw. [x] geb. [x] Mit dieser hatte er schon ein Verhältnis, als ihr erster Ehemann [x] noch lebte. [x] hatte, als ihr erster Ehemann bei der Wehrmacht war, [x] Auch während der Ehe mit Marustzök, Paul [x]." Seit 1945 ist Marustzök bei der Volkspolizei in Leipzig beschäftigt. 1949 kommt er nach Berlin und tritt dem Staatssicherheitsdienst bei, wo er sich zum Festnahmespezialisten entwickelt. Er wird charakterisiert als geschwätzig und faul. Nach oben buckelt er, nach unten wird getreten. Gern erzählt er von seinen Krankheiten und lässt sich bemitleiden. Privat widmet er sich leidenschaftlich der Hundezucht, ideologisch ist er ein loyaler Parteisoldat.

Zusammen mit seinen Kollegen Eichhorn und Knye macht sich Marustzök ans Werk. Ihn mit der „Aktion Lehmann" zu beauftragen, ist für seine Vorgesetzte eine rationale Entscheidung gewesen, denn Marustzök ist der Chef der „unsichtbaren", wie sie genannt wird, „Gruppe Weinmeister", einer Bande, die, wie die West-Berliner Polizei später herausfindet, mit Schmuggel und Schwarzhandel die für die „Festnahmen" benötigten Mittel erwirtschaftet. Kaffee, Seidenstrümpfe, Zigaretten – das vor allem beschaffen insgesamt 17 Mitglieder illegal und im großen Stil und machen es zu Geld.[158] Die Bandenmitglieder rekrutieren sich aus Sträflingen und Berufsverbrechern, denen Straferlass zugesagt worden ist, wenn sie sich an den Aktionen beteiligen. Linse ist nicht ihr erstes Opfer; die Verschleppung von bis dahin sechs Personen und ein Versuch gelten als verbürgt. Die Biographien der ausführenden Beteiligten sind insofern aufschlussreich, als sich an ihnen anschaulich demonstrieren lässt, wie das subkulturelle Milieu aus Schmuggel und Erpressung eine Verbindung mit Staatsterror und staatlich geförderter Kriminalität eingeht, in dem Marustzök eine Scharnierfunktion einnimmt.

Auf den ersten der späteren vier Entführer wird Marustzök unter anderem aus Zeitungsberichten aufmerksam. Harry Bennewitz ist vom selben Jahrgang wie Marustzök und hat den größten Teil seines jungen Lebens als Seemann verbracht. Durch den Krieg aus der Bahn geworfen, lebt er nun bei seiner Mutter.

---

157 BStU, ZA, MfS, KS 6112/90; 6112/90 VP-Akte; Nebenakte.
158 Die Einzelheiten der Entführung Dr. Linses vom 13.11.1952, S. 6 (LA Berlin, F. Rep. 280 LAZ-Sammlung, Nr. 17843).

Er liegt mit der West-Berliner Polizei im Dauerclinch, begeht aber auch im Ostsektor Straftaten, für die er theoretisch bis 1960 im Gefängnis büßen müsste. Für den MfS-Mitarbeiter handelt es sich bei Bennewitz, der den Decknamen „Barth" erhält, um die Idealbesetzung für die Leitung der Schandtat: Der junge Kriminelle hat Erfahrung als Bandenchef, ist skrupellos, aber diszipliniert, er trinkt nicht und er kann die West-Berliner Polizei, die „Stupo", nicht leiden. In den Worten des Rekrutierenden: Er hat „auf dem Gebiete meiner Arbeit durch seine gesammelten Erfahrungen als Bandenführer und durch sein illegales Vorleben alle Perspektiven".[159]

Als nächstes fällt dem sächsischen Agenten der einundzwanzigjährige Kurt Knobloch ins Auge, ein kräftiger Sportler mit dunklem Haar und Berliner Dialekt. Ein Zeitgenosse charakterisiert ihn als „einen jungen Mann mit der verdrießlichen Miene eines verzogenen Kindes".[160] Auch Knoblochs Biographie ist durch Diskontinuität und Leben am gesellschaftlichen Rand geprägt. Die Zeit zwischen seinem 10. und 14. Lebensjahr verbringt er in verschiedenen Kinderlandverschickungs-Lagern. Seine Zimmermannslehre wird durch Verurteilung wegen einer Straftat unterbrochen. Er geht in die Westzonen, kehrt zu seinen Eltern nach Berlin zurück, kommt erneut mit dem Gesetz in Konflikt (Betrug, Diebstahl, schwerer Diebstahl), wandert ins Gefängnis, kommt wieder frei und betätigt sich als Schwarzhändler. Marustzök zeigt sich väterlich verständig für den Lebensweg Knoblochs, „den die äußeren Einflüsse auf Abwege gebracht haben".[161] Knobloch scheint durch seine ruhige, zuverlässige und entschlossene Art ein geeignetes Bandenmitglied zu sein. Weil er in seiner Freizeit dem Boxsport frönt, tauft der Dunkelmann ihn „Boxer", und auch seine Verwendung hat er bereits festgelegt: „Knobloch wird eingesetzt zum ersten Angriff auf festzunehmende Person."[162]

Herbert Krüger ist der Dritte im teuflischen Bunde: Berliner, 31 Jahre alt, verheiratet, ein Kind, gelernter Schlosser, Kraftfahrer von Beruf. Im Krieg wird er wegen „Wehrkraftzersetzung" zum Tode verurteilt, aber nicht hingerichtet. Auch Krüger erleidet einen Gefängnisaufenthalt, er sitzt einmal in Untersuchungshaft. 1950 kommt er als Geheimer Mitarbeiter (GM) zum Staatssicherheitsdienst und trägt den Decknamen „Pelz". Krüger wird als guter Fahrer geschätzt, doch das MfS beobachtet „trotz ständiger Einwirkung unsererseits" mit Unbehagen seine fortwährenden Schwarzmarktaktivitäten und Frauengeschichten: „Krüger [x] gern [x] und hat eine Schwäche für [x], sodass er ständig neben seiner [x] eine [x] hatte. [...] Seine [x] die des öfteren von seinen [x] Kenntnis hatte, verzieh ihm immer wieder und hat nicht die Absicht sich von ihm zu trennen."[163]

Und schließlich holt Marustzök auch Kurt Borchert zu der Truppe hinzu. Jahrgang 1925, gelernter Fleischer, verheiratet, zwei Kinder. Am gesellschaftlichen Rand lebt auch er. Nach dem Krieg arbeitet er zunächst als „Berufsringer",

159 BStU, ZA, ANS, AIM 1639/61 (1) P, S. 3.
160 Hagen, Der heimliche Krieg auf deutschem Boden, S. 228.
161 BStU, ZA, ANS, AIM 1639/61 (1) P, S. 15.
162 BStU, ZA, ANS, AIM 2559/63 P, S. 14 f.
163 BStU, ZA, MfS, GH 105/57, Bd. 4, S. 18–21.

dann als Metzger, auch mal als Rausschmeißer und singt auf Jahrmärkten zur Volksbelustigung. In Marustzöks Klauen gerät er, nachdem auch er mit dem Gesetz in Konflikt gekommen ist. Er wird „wegen des Fleischdiebstahls nicht gerichtlich bestraft und am 4.7.1952 als GM von uns angeworben". Marustzöks Kollege Knye äußert sich 1953 anerkennend über „Ringer": Er „ist ein leicht beeinflussbarer Mensch, auch leicht für irgendeine Sache zu gewinnen, sich selbst jedoch darüber wenig Gedanken macht, andere für sich denken lässt und immer das tut, was ihm sein ‚Vorgesetzter' vorschreibt. [...] Am besten verfährt man bei ihm so, dass er ganz konkrete Anweisungen erhält oder ihn vor vollendeter Tatsache stellt."[164]

Das Profil der anderen Mitglieder der „Gruppe Weinmeister" tritt aus den zur Verfügung gestellten Akten nicht so scharf hervor, aber auch sie spielen für die Tat nicht unwichtige Rollen. So werden Linses Lebensgewohnheiten ausspioniert, wobei die Agenten nicht besonders diskret vorgehen, wie sich in der Rückschau erweist. Einer dieser unbekannten Helfer fertigt eine Skizze von der Gerichtstraße und von Linses Wohnhaus in Nummer 12a an. Eine Fluchtroute wird festgelegt, und der Posten der Volkspolizei an der Stadtgrenze wird darüber informiert, wann er die Schranke zu öffnen hat, um das Fluchtauto in die DDR durchzulassen. Insofern sind die Versuche von Marustzök und Konsorten, die Konspiration zu wahren, durchaus zum Scheitern verurteilt; es gibt zu viele Beteiligte. Dabei geben sich die Hintermänner im MfS alle Mühe: Sie lassen alle Informanten über ihre wahren Pläne im Unklaren und lügen sie notfalls an, wenn mal einer Verdacht schöpft, in das Verbrechen unwissentlich integriert worden zu sein.[165]

Auch ein gewisser Siegfried Benter, alias „Siggi", gehört anfangs zu der Gruppe: Es handelt sich um einen Mann, der später in West-Berlin wegen des Versuchs der Verschleppung Linses zu drei Jahren Haft verurteilt wird. Aber Benter hat – im Gegensatz zu den anderen – Skrupel, die Tat auszuführen; seine Teilnahme an dem Unterfangen beruht noch weniger als bei den anderen auf einem halbwegs freien Entschluss. Denn am Anfang seines Unglücks steht eine Begegnung mit der östlichen Staatsmacht, die ein von Benter in der Gaststätte seiner künftigen Schwiegermutter entferntes Plakat unbekannten Inhalts zum Anlass nimmt, das Lokal heimzusuchen. Man findet bei Benter Westgeld und Westzeitungen und ordnet deshalb die Schließung der Kneipe an. Drei Tage hat die Inhaberin noch Zeit, das vorhandene Bier auszuschenken. Jetzt ist guter Rat teuer, doch Hilfe naht in Gestalt eines Gastes, der Kontakt zu Marustzök herstellt. Und Marustzök hilft, er verhindert die Schließung. Doch es ist nun, als habe Benter seine Seele dem Teufel verkauft, denn im Gegenzug muss er ihm bei Marustzöks illegalen Kaffeegeschäften helfen. Bald wird Benter zu einem Autohändler am Kurfürstendamm geschickt, wo er unter falschem Namen einen neuen Opel Kapitän, jenen Wagen, der später für die Untat verwendet wird, kauft.[166] Als der Namenlose – er stellt sich stets nur als „Paul" vor – Ben-

---

164 BStU, ZA, MfS, GH 105/57, Bd. 4, S. 24.
165 Vgl. BStU, ZA, ANS, AIM 14864/89 A, Bd. 1, S. 6 f.
166 Vgl. Der Staatssicherheitsdienst, S. 159.

ter am 2. Juli eröffnet, dass er ausersehen ist, an Linses Verschleppung mitzuwirken, zögert er. Aber Marustzöks deutlich-undeutliche Drohung, er möge
doch „an seine Familie" denken und dass es jetzt „zu spät" sei, um abzusprin-
gen, lässt den so unter Druck Gesetzten keine Wahl als die, mitzumachen.[167]

3. Die „Aktion Lehmann"

Nachdem grünes Licht gegeben worden ist, unternehmen „Siggi", „Feldmann",
„Bauer" und „Grau" zunächst eine Probefahrt. An den folgenden Tagen unternimmt diese Gruppe vergebliche Versuche, Linses habhaft zu werden: Einmal
kommt „Grau" zu spät, und zweimal kommt Linse nicht. Vermutlich hält sich
Linse in diesen Tagen im Rheinland auf, um seine Frau Helga zu besuchen.[168]
Am 24. Juni setzen sich „Pelz", „Grau", „Barth" und „Wurl" vergeblich in Bewegung, denn Linse erscheint wieder nicht. Am 4. Juli fahren „Barth", „Pelz",
„Boxer" und „Siggi" los. Diesmal müsste es eigentlich klappen, denn Linse tritt
aus dem Haus heraus. Doch diesmal bricht „Siggi", der am Steuer sitzt, die Aktion eigenmächtig ab. Er nutzt das Auftauchen des Steuerinspektors, der den
Wagen und seine Insassen in Augenschein nimmt, zum Abbruch des Vorha-
bens. Da „Siggi" einfach losfährt um die Ecke biegt und außer Sichtweite in der
Drakestraße anhält, bleibt den anderen nichts übrig, als hinterher zu laufen
und ohne Linse zuzusteigen. Marustzök zieht aus dem Versagen die Konsequenz und ersetzt „Siggi" durch „Ringer".[169]
   Nun unternehmen sie den Versuch, der sich als erfolgreich erweisen wird.
Die vier werden von Paul im Verlauf des 7. Juli in die Wohnung von „Günter"
nach Karlshorst beordert, wo sie in den Abendstunden eintreffen. Man
bespricht alle Einzelheiten des Plans und legt die Rollenverteilung fest: Borchert und Knobloch sind ausersehen, Linse um Feuer zu bitten und ihn dann
zu überwältigen. Krüger wird am Steuer sitzen, und Bennewitz, der Chef des
Unternehmens, das Geschehen vom Auto aus überwachen.[170] Waffen werden
ausgegeben: „3 Pistolen, Fabrikat FN, Kaliber 7,65 mit ausgefeilter Nummer
und 1 Pistole, Fabrikat FN, Kaliber 6,35", dazu „Äther und Watte sowie ein
sandgefülltes Lederkissen mit Handschlaufe," wie Wardetzki in einem Bericht
vom 7. April 1953 ausführt.[171] Dann besorgt Marustzök etwas zu essen.
   Während drei der Verbrecher ruhen, setzt sich Krüger in der Nacht in Bewegung und fährt mit der S-Bahn zum Zoologischen Garten. Dort, irgendwo im
Amüsierviertel zwischen Kurfürstendamm und Bülowstraße, bedeutet er einer
Taxe anzuhalten. Er gibt als Fahrtziel eine Adresse im Ostsektor an, weshalb
sich der Chauffeur ziert, die Tour zu übernehmen. Doch durch gutes Zureden
und das Zücken eines Zwanzigmarkscheins gelingt es ihm, dessen Bedenken

---

167 Vgl. das Urteil des Landgerichts Berlin vom 24.4.1956 (BArch, B 137, 1063).
168 HAIT-Archiv, Akte Walter Linse, Bestand Moskau, S. 41.
169 BStU, ZA, MfS, GH 105/57, Bd. 5, S. 41.
170 Urteil des Landgerichts Berlin vom 4.6.1954 gegen Knobloch (StA, Bd. I, S. 50).
171 StA, Bd. IIa.

zu zerstreuen. Im Verlauf der Fahrt schiebt er ihm sogar noch eine Stange Zigaretten hinüber. Am Ziel fast angelangt, stoppt eine Streife der Volkspolizei das Auto und bedeutet den Insassen, auszusteigen. Die Polizisten entdecken die Zigaretten, nehmen den Taxifahrer wegen Schmuggels fest und sistieren ihn auf der Polizeiwache in der Schönhauser Allee. Gegen zehn Uhr am nächsten morgen wird er allerdings wieder freigelassen und fährt zurück in den Westsektor.[172]

Der einzige Zweck dieser – fingierten – Aktion ist es, in den Besitz der West-Berliner Nummernschilder und des Taxischildes zu kommen. Während der Taxifahrer in seiner Zelle sitzt, greift Marustzök unten im Hof zum Schraubenzieher und montiert die benötigten Utensilien ab. Er montiert sie an dem von Benter gekauften Opel Kapitän, der zudem von Grau nach Schwarz gespritzt und mit einem weißen Streifen versehen worden ist.[173] Das Taxi selbst ist für ihn nicht von Interesse, denn sein Motor ist um einiges schwächer als der des Opels.

In den frühen Morgenstunden des 8. Juli begibt sich die Bande nach Pankow, wo man den Opel besteigt und losfährt. Marustzök fährt sie bis zum Potsdamer Platz. Krüger übernimmt nun das Steuer und fährt alleine über den Kontrollpunkt bis zur Potsdamer Straße. Während Marustzök zurückbleibt, folgen die drei Komplizen dem Wagen zu Fuß und steigen auf der anderen Seite wieder zu. Nun geht die Fahrt weiter bis nach Lichterfelde. Am Bahnhof Lichterfelde West steigen Knobloch und Borchert aus und fahren mit dem Bus weiter. Krüger postiert den Wagen vor Linses Haus. Jetzt taucht wieder der Steuerinspektor auf, der um diese Uhrzeit immer seinen Dackel spazieren führt – von Marustzök wird er in seinem Bericht deshalb nur „der Dackelmann" genannt.[174] Flugs nähert er sich dem Wagen mit den beiden Männern und schreibt sich die Nummer auf. Dann geht er weiter.

Als Linse aus dem Haus kommt, lässt Krüger den Motor an. Der Fahrer des kleinen Lieferwagen, der auf dem linken Auge blind ist, schreibt gerade den Kilometerstand des Tachos in das Fahrtenbuch.[175] Vom MfS als Beobachter eingesetzte Agenten gehen in Stellung.[176] Die Täter lassen sich jetzt durch nichts mehr aufhalten. Zunächst erkennen Knobloch und Borchert Linse nicht, weil er einen neuen Anzug trägt. Aber Bennewitz steigt aus dem Wagen und deutet auf das Opfer. Dann geschieht, was zuvor im Einzelnen durchgespielt wurde. Man bittet Linse, der ein starker Raucher ist, um Feuer. Als dieser an seiner Tasche nestelt, greift Borchert von hinten um ihn und Knobloch schlägt zu. Linse will flüchten und läuft auf das vermeintliche Taxi zu, wo ihn jedoch die anderen erwarten. Während der wenigen Sekunden, die die Attacke andauert, geschieht noch einiges: Der Hundehalter zieht eine Trillerpfeife und bläst sie. Die Frau, die Sekunden vor der Tat an Linse vorbeigelaufen ist, ruft um Hilfe. Die beiden

172 Tagesspiegel vom 9.7.1952.
173 Stern. Das deutsche Magazin vom 26.10.1952.
174 BStU, ZA, MfS, GH 105/57, Bd. 5, S. 42.
175 Urteil des Landgerichts Berlin vom 4.6.1954 gegen Knobloch (StA, Bd. I, S. 62).
176 Über sie existieren keine Belege, aber wenn man sich andere Dokumente ansieht, dann erscheint plausibel, dass sie vor Ort waren. Vgl. z.B. den Bericht über den konspirativen Treff mit GM „Fröhlich" am 14.7.1952 (BStU, ZA, ANS, AIM, 14864/89 A, Bd. 1, S. 6–12). Der Treff wurde von sechs konspirativen Mitarbeitern beobachtet.

Im Wagen ringt Linse mit seinen Entführern. Dabei verliert er einen Schuh, 8. Juli 1952; Ullstein Bild.

Frauen auf der anderen Straßenseite beginnen ebenfalls zu schreien. Doch Linse ist bereits in den Fond des Opels gezerrt und gestoßen worden, die Verbrecher hinterher. Der Wagen rollt an. Den Wartenden an der Bushaltestelle an der Ecke Drake-/Gerichtsstraße ist die Tat nicht verborgen geblieben; sie versuchen, den Wagen zu stoppen. Doch Bennewitz gibt einen Schuss in die Luft ab, worauf die Menge auseinanderstiebt. Der Fahrer des Lieferwagens hat, als er bemerkt hat, dass er Zeuge einer Verschleppung ist, den Motor angelassen und die Verfolgung des Opels aufgenommen. Permanent hupend versucht er, das Tatfahrzeug von der Straße abzudrängen. Da zieht Bennewitz erneut seine Pistole und feuert zweimal auf den Kopf des Verfolgers, jedoch ohne ihn zu verletzen. Zusätzlich wirft er Reifentöter auf die Fahrbahn. Es gelingt dem Fahrer des Lieferwagens noch, eine Polizeistreife aufmerksam auf die freche Tat zu machen. Aber als diese die Verfolgung aufnimmt, ist es bereits zu spät. Die Verbrecher sind mit ihrem Opfer bereits auf und davon. An der Grenze angekommen, stellen die Polizisten die Verfolgung ein.

4. In der Gewalt seiner Feinde

Wie es Linse in der Gewalt seiner Kidnapper ergangen ist, kann nur über Umwege rekonstruiert werden. Aus Erfahrungsberichten von Alfred Weiland und anderen Entführungsopfern, die wieder freigekommen sind, wissen wir, wie es den Betroffenen ergeht, die unter Einsatz von List oder Gewalt in den Ostsektor Berlins gebracht worden sind. Als Weiland am 11. November 1950 auf offener Straße und am hellichten Tag in Berlin-Schöneberg überwältigt wurde, verlor er zunächst das Bewusstsein. Er erlangte es wieder und verlor es erneut. In den Phasen, in denen er bei Bewusstsein war, erinnerte sich Weiland zehn Jahre später, wurde er systematisch verprügelt, ohne nennenswerten Widerstand leisten zu können. „Die Kleider waren mir vom Leibe gerissen und dabei zerrissen worden. Auf mich wurde unbarmherzig eingeschlagen. Ich wehrte mich verzweifelt. Ich war jedoch völlig kraftlos." Erst als Weiland die Hoffnung verlor, vor Übertritt in den Sowjetsektor aus dem Wagen zu entkommen, gab er den Widerstand auf und verlor für längere Zeit wieder das Bewusstsein.[177]

Linse wird es in dieser Situation ähnlich ergangen sein: Zunächst wird er mit stumpfen Hieben gegen den Kopf überwältigt und in das Auto gezerrt. Seine Brille fällt zu Boden. Linse ruft um Hilfe, obwohl er annimmt, dass die Straße menschenleer ist, wie sein späterer Zellenspitzel notiert.[178] Er wird von Borchert und Knobloch vornüber in den Wagen gestoßen; von innen zieht Bennewitz. Linse schlägt mit dem Kopf gegen das Taxischild, bevor er mit den anderen in den Fond fällt. Da tritt Krüger auch schon auf das Gaspedal, und der Wagen rollt zügig an, obwohl Linses Beine noch heraushängen und die Tür offen ist. Es folgt ein ungleicher Kampf mit seinen Bewachern auf der Rückbank. Als der Wagen die Drakestraße erreicht, gelingt es, Linses Beine hereinzuziehen und die Tür zu schließen. Dabei verliert Linse einen Schuh, der auf der Straße liegen bleibt. Während Linses Kopf auf den Knien seiner Peiniger oder auf dem Fußboden liegt, nimmt der Wagen Fahrt auf. Vielleicht schlagen seine Entführer mit ihren Lederkissen auf ihn ein. Nach Marustzöks Bericht hat Linse versucht, nach dem Fahrer zu treten; in einem Spitzelbericht steht, dass Linse eigenen Angaben zufolge versucht hat, mit den Füßen mögliche Zeugen auf sich aufmerksam zu machen.[179] Was immer - in jedem Fall wird heftig gekämpft, und die Täter versuchen, sein Bein zu verdrehen. Als das nicht gelingt, entscheidet sich Bennewitz, die Waffe nun gegen das Opfer einzusetzen. Er zielte „nach dessen Wadenfleisch und gab zwei Schüsse darauf ab, von denen einer traf. Lehmann [das ist Linse] fiel sofort zusammen." Damit ist der Kampf zu Ende. Mit circa hundert Stundenkilometern rast der Wagen auf der Berliner Straße Richtung Grenzübergang Schwelmer Straße. Augenzeugen berichten, dass die Schranke wie zufällig geöffnet ist, aber aus anderer Quelle

---

177 Der Staatssicherheitsdienst, S. 145 f.
178 Spitzelbericht vom 11.7.1952 (BStU, ZA, MfS, GH 105/57, Bd. 4, S. 310).
179 Ebd.

verlautet, dass sie erst hochgezogen wird, als der Wagen bereits auf das Bett der Straßenbahn ausgewichen ist und so das Hindernis umgangen hat.[180]

An einer einsamen Stelle in Teltow hält das Kommando an. Die Täter steigen aus dem blutbesudelten Auto aus und lassen Linse drinnen liegen. „Ich habe den Einsatzwagen [nach Ost-Berlin] gefahren und hatte als Begleiter den Genossen Sabath bei Lehmann. Lehmann blieb bis zur Haftanstalt am Boden des Einsatzwagens liegen."[181] Die beiden fahren Linse ohne weitere Störungen in das MfS-Gefängnis nach Hohenschönhausen. Linse ist zumindest zeitweilig bewusstlos und ohne Orientierungsvermögen.[182] Während der Fahrt verliert er viel Blut, was ihn schwächt. Später lauscht die Stasi einem Gespräch Linses mit dem auf ihn angesetzten Zellenspitzel: „Das ist eine Fleischwunde, 3 mm am Schienenbeinknochen entlang. Es sind Gefäße angeschossen und das hatte zur Folge, dass furchtbar viel Blut weg ist. Ich lag direkt in einer Blutlache; bis hier war alles ganz rot. – Das Auto war ganz blutbeschmiert, die ganzen Sessel vorn, wo das so reingespritzt ist."[183]

Als Linse übergeben wird, wird seine Wunde von einem Sanitäter versorgt. Eine „Einlieferungsanzeige" wird gefertigt, „Verdacht auf Spionagetätigkeit" lautet die Begründung.[184] Auf dem „Haftbeschluss" vom selben Tage ist unter der Rubrik „Gründe der Inhaftierung" vermerkt: „L. ist Abteilungsleiter in der Agentenzentrale sogen. ‚Freiheitlicher Juristen'". Unterschrieben haben das Dokument Oberrat Sabath, Inspektor Beater, Abteilungsleiter, und Erich Mielke, stellvertretender Minister im MfS. Von einem späteren Vernehmer muss Linse eine Leibesvisitation über sich ergehen lassen. Alles, was nicht zu seiner Kleidung gehört, nimmt man ihm ab, von seinem Personalausweis über eine Brille bis zu einer Schachtel Streichhölzer. Linse setzt seine erste Unterschrift unter das Dokument.[185] Es werden noch viele weitere folgen.

Jetzt ist Linse auf Gedeih und Verderb dem Staatssicherheitsdienst ausgeliefert. Abgeschnitten von seiner Umwelt und elementarer Rechte beraubt, wird er fortan mit der in der Sowjetunion erdachten und erfolgreich eingesetzten Methoden mürbe gemacht. Einmal dichtet der Häftling: „Darinnen hinter Gittern ein Gefangener des Staatssicherheitsdienstes, hohlwangig und bleich. Der Kübel voll Urin, Kot, Chlor und Gestank – die letzte Reduzierung des menschlichen Daseins im Zeitalter des Fortschritts."[186] Angst, Ungewissheit, Langeweile, mangelhafte Hygiene und schlechte Ernährung sind nun seine ständigen Begleiter. Doch so schrecklich seine Lage auch sein mag, so sehr bleibt Linse ein vergleichsweise privilegierter Gefangener. Die soziale Deprivation – der Entzug sensorischer, emotionaler und sozialer Reize durch vollständige Isolierung, die den Gefangenen auf den Vernehmer als einzigen sozialen Kontakt fixiert[187] – fällt nicht so gravierend aus wie bei anderen. Denn das MfS geht bei ihm

180 Anlage zum Bericht des Polizeipräsidenten vom 13.12.1953 (BArch, B 209, 1070).
181 BStU, ZA, MfS, GH 105/57, Bd. 5, S. 43 f.
182 Abhörprotokoll vom 8.9.1952 (HAIT-Archiv, Akte Walter Linse).
183 Abhörprotokoll vom 16.9.1952 (HAIT-Archiv, Akte Walter Linse).
184 BStU, ZA, MfS, GH 105/57, Bd. 1, S. 5.
185 Ebd., S. 7.
186 Abhörprotokoll vom 15.9.1952 (HAIT-Archiv, Akte Walter Linse).
187 Vgl. Zahn, Haftbedingungen, S. 15–21.

Regierung der
Deutschen Demokratischen Republik
Ministerium für Staatssicherheit

Verwaltung Land ..... **Ministerium**

Abtlg. (Kreisdst.) ..... **Abt. V**

Haftbeschluß

Berlin , den 8. Juli 1952.

Der / Die

Name: **L i n s e , Dr.**

Vorname: **Walter, Erich**

Geburtstag und Ort: **23. August 1903**

Beruf: **Jurist**

Familienstand: **verheiratet**

Wohnungsanschrift: **Berlin-Lichterfelde-West, Gerichtsstr. 12**

ist aus den unten angeführten Gründen in Haft zu nehmen.

Gründe der Inhaftierung: **L. ist Abteilungsleiter in der Agentenzentrale**
sogen. "Freiheitlicher Juristen"

Der Mitarbeiter der Abteilung (Kreisdienststelle): V

(Sabath)   (Unterschrift) **Oberrat**

Einverstanden der Leiter der Abtlg. (Kreisdienstst.) V

(Beater)   (Unterschrift) **Inspekteu**

Bestätigt: (Unterschrift)

Datum: **8. Juli 1952.**

*Erich Mielke, stellvertretender Minister im MfS, ist in das Verbrechen eingeweiht.
Er unterzeichnet den „Haftbeschluss"; BStU, ZA, MfS, GH 105/57, Bd. 4.*

einen anderen Weg: Bereits nach wenigen Tagen, nämlich vor dem 11. Juli, verlegt man einen Häftling in seine Zelle, mit dem er sich zumindest ein wenig die Zeit vertreiben kann.

Was von nun an mit Linse geschieht, entzieht sich unserer Kenntnis.[188] Die Protokolle der Verhöre, die offenbar nicht alle überliefert sind, sind nicht geeignet, zu erfahren, was sich in dem Verhörzimmer zugetragen hat. Smith und der anonyme Spiegel-Journalist begehen einen großen Fehler, insofern sie anzunehmen scheinen, dass sich an ihnen eine bestimmte Gesprächsdynamik ablesen lasse.[189] Zwar lassen sich die Protokolle inhaltlich in drei Themenkomplexe unterteilen: Zuerst will man von Linse mehr über den Aufbau und die Arbeitsweise des UFJ erfahren, dann soll er von seiner eigenen Tätigkeit berichten und schließlich interessieren sich seine Gegenüber für die Namen von UFJ-Mitarbeitern in der DDR. „Nennen Sie endlich die Ihnen bekannten Agenten!" soll Munsche am 22. Juli gesagt, und Linse soll folgende Antwort gegeben haben: „Durch meine persönlichen Beziehungen nach Chemnitz sind mir folgende Personen aus Chemnitz bekannt geworden, die für unserer Zentrale in Westberlin Spionagetätigkeit durchführen: [...]."[190] Und am 15. August vermerkt das Protokoll: „*Frage*: Sie haben bisher noch immer nicht alle Ihnen bekannten Agenten des ‚Untersuchungsausschusses‘ genannt! Berichten Sie darüber! *Antwort*: Ich erinnere mich noch an folgendes: [...]."[191] Etc. pp.

Aber nur weil etwas in den Akten steht, heißt das nicht, dass sich das Geschehen tatsächlich so zugetragen hat, und nur weil etwas nicht auftaucht, dass es sich nicht ereignet hat. Zwar machen die Stasi-Schergen normalerweise wie zwanghaft alle ihre Aktivitäten aktenkundig, aber diesmal unterschlagen sie einiges. Folgt man den Protokollen, die sie hinterlassen haben, dann hat Linse nach seiner Verschleppung am 8. Juli eine Schonfrist bis zum 11. erhalten, bis das erste Verhör stattfindet. Davon kann keine Rede sein. Was man in den Akten lesen kann – und das übersehen Smith und die Spiegel-Autoren –, ist ein Theaterstück, eine Schmierenkomödie. Diese „Protokolle" geben keinen Gesprächsverlauf wieder, sondern sind das Drehbuch für einen Schauprozess, bei dem der Angeklagte trainiert wird, die Fragen des Richters in der gewünschten Weise zu beantworten.[192]

Aus der Feder seines Zellenkameraden, dem Linse es erzählt, weiß man, wie es in Wahrheit abgelaufen ist: Die Schergen – vermutlich unter anderen Munsche, aber mit Sicherheit nicht Marustzök – kümmert die blutende Wunde nicht, sondern beginnen augenblicklich mit den Vernehmungen. Sie dauern „18 Stunden ohne Unterbrechung". Darauf folgen, wie Linses berichtet, „18 Tage Vernehmung ohne jeglichen Schlaf. 42 Tage Vernehmung nachmittags und nachts, auch Sonntags. Bis jetzt [7. November] Vernehmungen täglich bis 2 Uhr nachts. Es sind getätigt: ca. 180 Vernehmungen, 350 Seiten Protokolle, Schreibmaschine. 400 Seiten von L. eigenhändig geschriebene Angaben." Linse wird

---

188 Zum folgenden vgl. „Nun gut, den vernichten wir". In: Der Spiegel vom 18.11.1996.
189 Ebd.; Smith, Kidnap city, S. 133–137.
190 BStU, ZA, MfS, GH 105/57, Bd. 1, S. 71.
191 Ebd., S. 170.
192 Vgl. Fricke, Politik und Justiz in der DDR, S. 273–280.

ausgequetscht wie eine Zitrone. Allerdings, so seine retrospektive Wahrnehmung, haben die Verhöre durchaus nicht den von seinen Feinden erhofften Erfolg. „Trotz Vernehmung ohne Schlaf in den ersten 14 Tagen nichts außer seine eigene Beschuldigung. Nach 14 Tagen 2 Namen von Agenten aus Chemnitz, sonst keine Namen."[193]

Letztlich will sich Linse über seine Vernehmer aber nicht beklagen, zumindest später nicht, als ein gewisser Gewöhnungseffekt eingetreten sein mag: „L. äußerte sich sehr anerkennend über die Art der Behandlung, diese habe ihn angenehm überrascht, da er draußen das Gegenteil gehört habe und erwartet hatte",[194] notiert sein Zellengenosse am 11. Juli. Dessen Nachfolger vermerkt am 1. September: „Die Behandlung bei der Staatssicherheit schildert er [Linse] als korrekt aber hart."[195] Lediglich „den Russen" scheint er zu fürchten, der gelegentlich den Verhören beiwohnt; sein Ton ist Linse zuwider. „Er hat mich in brutalster und gemeiner Art beschimpft, bedroht und beleidigt. Ich wollte ihm schon immer sagen, dass ich mir so etwas verbiete, aber vielleicht wäre er dann noch gemeiner geworden."[196]

Dennoch agiert Linse insgesamt eigentlich nicht ganz erfolglos, selbst wenn er Angaben zu seiner Tätigkeit und den Strukturen des UFJ macht und der Staatssicherheitsdienst nun einen recht genauen Einblick in dessen Innenleben erhält. Dass durch seine unter diesen Umständen gemachten Aussagen Kollegen und vor allem Mitarbeiter vor Ort in Gefahr sind, ist ihm bewusst. Eindringlich macht er einmal seinen Zellengenossen darauf aufmerksam, weil er ihn als kurz vor seiner Entlassung stehend wähnt und ihm vertraut. Er soll seinen Freunden berichten, was mit ihm geschehen ist. Was Linse nicht wissen kann, ist, dass seine beiden Mitgefangenen, mit denen er sukzessive seine Zelle teilt, für seine Peiniger arbeiten; der erste bis Anfang oder Mitte August, der zweite von kurz danach bis zu Linses Übergabe an die Sowjets am 3. Dezember 1952. Beide sind mutmaßlich vom MfS zu Spitzeldiensten gepresst worden. Vom ersten sind neun handschriftliche Berichte überliefert, vom zweiten zwölf.[197] Linse wird das zweifelhafte Vergnügen zuteil, durch die Gesellschaft psychisch nicht gebrochen zu werden – und dadurch seinen Peinigern um so mehr ausgeliefert zu sein.

Wer die beiden Spitzel sind, ist nicht bekannt. Der erste gibt sich als Jura-Student aus. Linse versucht, ihn in juristische Disputationen zu verwickeln, aber der junge Mann zeigt sich überfordert. Die Legende fliegt gleichwohl nicht auf. Linse bleibt arglos. Lediglich der vorgebliche Student fühlt sich nicht wohl in seiner Haut, er hat Angst vor Enttarnung. Bereits in seinem zweiten Bericht macht er seine Erpresser auf einen Vorfall aufmerksam, der ihm geeignet scheint, Linse Verdacht schöpfen zu lassen. Wenn seine Mission scheitert, soll man wenigstens nicht ihn verantwortlich machen. „Ich persönlich bitte, dafür Sorge zu tragen", dass solche Zwischenfälle, „die nicht gerade geeignet erschei-

193 BStU, ZA, MfS, GH 105/57, Bd. 4, S. 454 f.
194 Ebd., S. 308.
195 Ebd., S. 382.
196 Spitzelbericht vom 25.10.1952 (BStU, ZA, MfS, GH 105/57, Bd. 4, S. 439).
197 Ebd., S. 308–494.

nen, das beginnende Vertrauen des L. mir gegenüber zu festigen, vermieden werden. [...] Heute gelang es mir jedoch, sein evtl. Misstrauen zu zerstreuen. Ich bitte also in Zukunft gerade auf Kleinigkeiten besonders zu achten!"[198]

Der „Student" ist willens, Linse um seines Vorteils willen ans Messer zu liefern. Der hinterhältige Plan des Staatssicherheitsdienstes geht auf: Linse fasst Vertrauen und redet, der „Student" schreibt alles auf. Für Linse ist seine Anwesenheit ein gutes Zeichen. „Wenn [...] sie mich hätten verschwinden lassen wollen, dann hätten sie mich andauernd in Einzelhaft halten können."[199] Die beiden lernen sich kennen und vertreiben sich die Zeit in der dunklen, stickigen Zelle, so gut es eben geht. Ein späteres Abhörprotokoll notiert über diese Zeit: „Als ich mit dem Jungen zusammen [war], da ist mir auch die Zeit nicht lange geworden, der hat immer erzählt, wir haben uns immer unterhalten, da ist es uns nicht langweilig geworden."[200] Eine „schöne" Zeit, vor allem verglichen mit den ersten acht Tagen nach der Verschleppung, an die Linse mit Grausen zurückdenkt. Aber jetzt malen sie sich ihre nahe Zukunft aus, allerdings wissen sie, dass nicht sie darüber entscheiden, wann der große Tag der Freiheit einmal kommt. „Als ich mit dem Studenten zusammenlag, ach, da haben wir schon Pläne gemacht! Da haben wir uns schon bei ‚Aschinger' getroffen und da waren wir schon ‚draußen'. Dann waren wir auf seiner Wartburg, wo sein Freund, dessen Vater, ein Hotel hat. Solche Illusionen haben wir uns schon gemacht. Das hat uns über die Zeit hinweggeholfen. Es ist besser, als wenn man sich schon auf dem Schafott sieht."[201]

Einerseits verschafft der „Student" aus Jena also Entlastung durch Gespräche, andererseits erhält der Gegner durch ihn auch Kenntnis über Linses Gemütszustand und seine Aussagetaktik. Durch die Protokolle wird klar, dass Linse nicht viel mehr weiß, als er seinen Vernehmern angibt. Doch während er immer wieder die Hoffnung äußert, bis zum Juristenkongress gegen einen im Westen inhaftierten DDR-Agenten ausgetauscht zu werden, gibt der Spitzel Hinweise auf mögliche Widersprüche in Linses Aussagen, äußert Vermutungen über möglicherweise noch zu verratende UFJ-Mitarbeiter und macht Vorschläge für die weitere Vorgehensweise. Aber obwohl der „Student" sich nach Kräften bemüht, behilflich zu sein, sind seine Informationen von eher geringer Qualität. Er wird abgezogen, der letzte Bericht datiert vom 5. August. Ob ihm seine Dienste gelohnt wurden? Das ist eher unwahrscheinlich, denn 1954 meldet sich eine Frau bei der West-Berliner Polizei, die während ihrer Untersuchungshaft im MGB-Gefängnis in Karlshorst per Klopfzeichen mit einem Mann in Kontakt gestanden habe, der mit Walter Linse im Juli und August sieben Wochen eine Zelle geteilt haben will. Die Protokolle seiner Vernehmungen füllten, den Angaben des Mannes zufolge, annähernd 1.500 Seiten. Bei ihrer Deportation in ein Arbeitslager in Russland sei sie dem Mann erneut begegnet.

198 Ebd., S. 314.
199 Abhörprotokoll vom 22.9.1952 (HAIT-Archiv, Akte Walter Linse).
200 Abhörprotokoll vom 16.9.1952 (HAIT-Archiv, Akte Walter Linse).
201 Ebd.

Wenn es sich bei diesem Mann um den „Studenten" gehandelt hat, so ist auch er von einem Militärtribunal zu Lagerhaft verurteilt worden.[202]

Noch im selben Monat, in dem der Student abgezogen wird, erhält Linse einen neuen Zellengenossen, und die gestiegene Zahl der Unterstreichungen in dessen Berichten durch unbekannte Hand, wahrscheinlich einen MfS-Mitarbeiter, deutet darauf hin, dass seinen Informationen ein höherer Wert zugesprochen wird. Spitzel Nr. 2 gibt Zeugnis darüber, wie sich Linses psychische Verfassung verschlechtert. Er will raus und ist deshalb bereit, alles zu sagen, was man von ihm hören will. Wenn er dann draußen ist, so sein Plan, will er allerdings öffentlich über seine Erfahrungen reden und womöglich Honorare für seine Vorträge erhalten. Die Hoffnung schwindet allerdings spätestens im Oktober wieder, als bei den Vernehmungen wieder „der Russe" anwesend ist. Oder war seine Anwesenheit, überlegt er, wieder nur einer dieser Versuche, ihn mürbe zu machen? Linse heuchelt weiter Kooperationsbereitschaft vor seinen Vernehmern, während er gegenüber seinem Zellengenossen mit der Wahrheit herauskommt. Linse ist im Wechselbad der Gefühle, schwankt zwischen Hoffnung und Verzweiflung. Einmal gibt er dem Spitzel genaue Anweisungen, an wen dieser sich nach seiner Freilassung mit welcher Botschaft zu wenden habe, ein anderes Mal prüft er, ob das Gitter über der Glühlampe der Karzerzelle stabil genug ist, um sich daran aufzuhängen.[203]

Auch Spitzel Nr. 2 schadet Linse nach Kräften. Die Berichte sind ausführlich, präzise, diffamierend. Sie vermitteln das Bild eines starken, gerissenen Mannes. Der Autor hat das Gefühl, dass Linse ihm etwas verheimlicht und denunziert ihn, so gut er kann. „Bevor damals das Eisen, bei der Durchsuchung unserer Zelle, gefunden wurde, hatte er auch einige Male nicht an der Freizeit teilgenommen, es muss angenommen werden, das er nur in der Zeit, als er alleine in der Zelle war, das Blech abgerissen hat. Ich habe daher den Verdacht, das er auch jetzt wieder etwas im Schilde führt, besonders da er frische Luft gerne hat und trotz Verbot oft ans Fenster geht, um frische Luft zu schnappen. Es müsste daher darauf geachtet werden, dass er an der Freizeit teilnimmt und nicht die Gelegenheit hat, in der Zelle alleine zu sein."[204]

Und so ist Linses Lageeinschätzung dann am realistischsten, wenn ihn seine kurzzeitig anschwellende Hoffnung wieder verlässt, dass die Intervention des Westens seine Freilassung bewirken werde. Aber der Westen, scheint ihm, unternimmt nichts. Deshalb richtet er seine Hoffnungen immer wieder auf den „Tag X", bis er im November erneut alle Hoffnung fahren lässt. Seine Vernehmer wissen nun wirklich alles, was er weiß. Linse sieht sein Ende nahe. „Am meisten fürchtet er Einzelhaft, Hunger, sowie die Zelle ohne Tageslicht. Auch spricht er in letzter Zeit von Abgabe an das Sowj. Militärgericht, dort habe er, nach seiner Meinung den Genickschuss zu erwarten", schreibt Spitzel Nr. 2 am 27. November.[205]

---

202 Protokoll einer Zeugenaussage vom 23.3.1954 (AA-PA, Bestand B 10, Politische Abt. 2, 1949/1951–1958, Bd. 265).
203 BStU, ZA, MfS, GH 105/57, Bd. 4, S. 452 f.
204 Ebd., S. 469.
205 Ebd., S. 486.

Als Linse 1953 nach Moskau verbracht wird, ist er durch die brutalen Verhöre und die schlechten Haftbedingungen schwer gezeichnet; Ullstein Bild.

Und genau das geschieht am 3. Dezember 1952: Er wird dem MGB überstellt. Vom MfS-Gefängnis in Berlin-Hohenschönhausen bringt man ihn nach Karlshorst, wo die Sowjets ihren Berliner Sitz genommen haben. Er wird erkennungsdienstlich behandelt. Die Photos zeigen einen müden und abgemagerten Mann in einer groben Jacke ohne Hemd. Die markante Brille fehlt. Er ist nicht rasiert, und die ungepflegten Haare sind nach hinten gelegt. Als Begründung für die Übernahme in den eigenen Gewahrsam vermerkt Oberleutnant Chramow: „Walter Linse hat in seiner Eigenschaft als Leiter des Spionagerings ‚Untersuchungsausschuss Freiheitlicher Juristen' im Auftrag ausländischer Aufklärungsorgane aktive subversive Spionage gegen die Sowjetunion und die DDR betrieben."[206]

Über Linses Schicksal in MGB-Haft weiß man erneut wenig Konkretes. Der Zugang zu den Quellen ist schwierig, denn sie lagern in Moskau und sind auf russisch verfasst. Mitte der neunziger Jahre ist es Bengt von zur Mühlen gelungen, Einsicht zu nehmen und einen Teil der angeblich mehreren Tausend Seiten ins Deutsche zu übertragen. Auch die Sekundärquellen sprudeln erneut recht trübe. Bailey, Kondraschow und Murphy wollen wissen, Linse sei eine Vorzugsbehandlung mit einer täglichen Zigarettenration zuteil geworden.[207] Doch man fragt sich, wie sie das herausgefunden haben wollen. Der Wortlaut der ins Deutsche übertragenen Vernehmungsprotokolle sowjetischer Provenienz erinnert erneut an die Dialoge, die die Öffentlichkeit aus den Schauprozessen der dreißiger und vierziger Jahre kennt. Um den Gefangenen für den gro-

206 HAIT-Archiv, Akte Walter Linse.
207 Vgl. Mampel, Entführungsfall, S. 55.

ßen Tag seiner öffentlichen Selbstbezichtigungen vorzubereiten, muss er systematisch einer Gehirnwäsche unterzogen werden.[208]

Nachdem Linse also erneut verhört wird, legt der Militärstaatsanwalt am 17. August 1953 die Anklageschrift vor, in der die bekannten Vorhaltungen gemacht werden: Spionage und antisowjetische Propaganda. Am 23. September folgt die nicht-öffentliche Verhandlung vor dem Militärgericht in Karlshorst. Linse hat keine Chance, und das Urteil kann niemanden überraschen. Linse unternimmt zwar einen letzten Rettungsversuch, als er in seinem Schlusswort um gnädige Richter bittet. Aber die Verhörmethoden haben bereits dafür gesorgt, dass alles nach Plan abläuft: Linse gesteht: „Ich bereue meine Taten. [...] Ich bin bereit, meine Schuld zu sühnen, und bitte das Gericht um eine milde Strafe."[209] Den Gefallen erweist man ihm nicht, aber das war auch nicht vorgesehen. Am 23. September 1953 wird das Urteil gesprochen: „LINSE Walter-Ernst wird auf Grundlage der Art. 58–60 mit 10 Jahren Freiheitsentzug und Arbeitslager bestraft. Darüber hinaus verhängt das Gericht gemäß Art. 58–6 Abs. 1 des Strafgesetzbuches der RSFSR die Höchststrafe – Tod durch Erschießen – bei Einzug der Vermögenswerte, welche der Verurteilte bei seiner Verhaftung mit sich führte."[210] Linses allerletzte Chance, mit dem Leben davonzukommen, ist eine Beschwerde gegen das Urteil, die er noch am selben Tag einlegt. Am nächsten Tag wird sie zurückgewiesen.

Indizien weisen darauf hin, dass Linse mit einem Gefangenentransport am 6. Oktober Berlin verlässt und zwei Tage später Brest-Litowsk erreicht. Durch die Wand seiner Zelle offenbart Linse einer Schicksalsgenossin seine Identität, und die Frau belauscht auch ein kurzes Gespräch Linses mit einem Posten, aus dem zu entnehmen ist, dass sein Reiseziel Moskau ist.[211]

Ein Gnadengesuch beim Präsidenten des Obersten Sowjets der UdSSR wird am 15. Dezember 1953 abgelehnt. Da ist Linse bereits in der Moskauer Butyrka. Er wird noch am selben Tag hingerichtet, wahrscheinlich mit einem Genickschuss. Sein Leichnam wird an unbekannter Stelle auf dem Donskoj-Friedhof beigesetzt.

208 Um Linses Situation in Karlshorst nachzuvollziehen, könnte die Lektüre von Koestlers „Sonnenfinsternis" hilfreich sein. Vgl. auch Politik und Justiz in der DDR, S. 63 ff.; Der Staatssicherheitsdienst, Nr. 42; Unrecht als System.
209 HAIT-Archiv, Akte Walter Linse, Bestand Moskau, S. 30.
210 Ebd., S. 3.
211 Protokoll einer Zeugenaussage vom 23.3.1954 (AA-PA, Bestand B 10, Politische Abt. 2, 1949/ 1951–1958, Bd. 265).

Linses Leichnam wird an unbekannter Stelle auf dem Donskoj-Friedhof in Moskau beigesetzt. Das Bild zeigt die Gedenkstätte für die Opfer der stalinistischen Verbrechen im Jahr 2005; Christian Reinhardt/Facts & Files.

VI. Die lange Ungewissheit

1. Aufruhr im Westen

Wenn Linse in seiner Zelle der Verzweiflung nahe ist, dann auch deshalb, weil er glaubt, dass seine Verschleppung unauffällig vonstatten gegangen sei und niemand sein Verschwinden bemerkt habe. Was denken die Leute, was denkt Helga von ihm?[212] Doch Linse irrt, denn durch seine Konzentration auf die Zeitungslektüre im Moment des Überfalls ist ihm entgangen, dass zahlreiche Zeugen anwesend gewesen sind: der Steuerinspektor mit seinem Dackel; der Fahrer des Lieferwagens; die beiden Frauen auf der andern Straßenseite; die Menschen an der Bushaltestelle; die Streifenwagenbesatzung, die die Verfolgung aufnimmt. Die Nachricht von der Gewalttat, der Verfolgungsjagd und der Schießerei verbreitet sich deshalb in Windeseile. Journalisten hören den Polizeifunk ab und eilen zum Tatort. Als einer von ihnen zum Haus gelangt, wird er – angeblich, denn wie glaubhaft ist diese Geschichte? – mit einigen Kollegen durch Linses Wohnung geführt. Doch ihm geht auf, dass es sich bei den Männern um MfS-Mitarbeiter gehandelt haben muss, denn die Kripo trifft erst später ein.[213]

Gegen Mittag informiert man Ernst Reuter. Da weiß Jakob Kaiser schon Bescheid, er informiert circa 13.00 Uhr telephonisch Adenauer. Bereits in den Abendausgaben berichten die Zeitungen, über das Radio wird die Nachricht ebenfalls verbreitet.[214]

Wie die schreckliche Nachricht zum UFJ gelangt, ist ebenso wenig bekannt wie die Reaktionen, die sie auslöst. Besucher werden am 8. Juli allerdings weiterhin empfangen. Man kann davon ausgehen, dass sich zuerst Panik und Entsetzen ausbreitet und anschließend, in der Phase der Reflexion, Misstrauen. Eine Versammlung wird einberufen, bei der die Frage des Waffentragens zum Selbstschutz – nicht zum ersten Mal – diskutiert wird. Diese Problematik ist spätestens seit September 1951 virulent. Da hat sich bereits die B-Abteilung vergeblich um die Beschaffung von Pistolen bemüht. Im April 1952 beschwert man sich bei der Organisationsabteilung über die Nichtbearbeitung des Wunsches und fordert ersatzweise die Beschaffung dreier Gasrevolver, die waffenscheinfrei sind. Gegenüber der Herstellerfirma betont man die risikoreiche Arbeit der UFJ-Mitarbeiter und wie leicht man Opfer einer Verschleppung werden kann, wenn man sich nicht ausreichend absichert. Für den Fall, dass der „Scheintod-Taschen-Revolver Modell D" den Erwartungen entspricht, stellt man weitere Bestellungen in Aussicht. Als Linse dann der Tat zum Opfer gefallen ist, vor der man sich zu schützen wünscht, ist die Waffenfrage plötzlich wieder aktuell. Über 14 Mitarbeiter in der Limastraße beantragen eine Schusswaffe, und am liebsten hätte man richtige, eine Browning etwa, die ein Schwei-

---

212 Vgl. Abhörprotokoll vom 5.9.1952 (HAIT-Archiv, Akte Walter Linse).
213 Bild vom 4.7.1991 (StA, 29 Js 431/91, Bd. I, S. 6).
214 Rede Ernst Reuters am 10.7.1952 (LA Berlin, E Rep. 200-21, Nr. 113); BArch, B 136/6539; StA, 29 Js 431/91, Bd. I, S. 73.

EINE ZEITUNG FÜR BERLIN

7. JAHR · NR. 155   DIENSTAG, 8. JULI 1952   15 PFG.

SSD-Taxe in Lichterfelde — Opfer: Dr. Linse

Überfallen und
in die Zone entführt

Eigenbericht „Der Abend"

Heute morgen gegen 7.30 Uhr wurde Dr. Linse vom Untersuchungsausschuß freiheitlicher Juristen unmittelbar nach
dem Verlassen seiner Wohnung, Gerichtstraße 12, in Lichterfelde West niedergeschlagen und in die Sowjetzone verschleppt. Die Straße war um diese Zeit menschenleer. Dr.
Linse hatte sich erst wenige Schritte von seinem Wohnh...

Menschenraub in Wien

WIEN, 8. Juli (AP/dpa)
Zwei Männer, die einen schwarz-
lackierten Mercedes-Wagen unterlegen...

DER KURIER

Die Berliner Abendzeitung

Amtliches Bekanntmachungsorgan für die Eintragungen in das Handelsregister in Westberlin

Nummer 155 / 8. Jahrgang   Dienstag, 8. Juli 1952   15 Pfennig

Menschenraub in Lichterfelde

**Rechtsanwalt Dr. Linse von Agenten überwältigt — Pistolenschüsse gegen
verfolgende Kraftwagen — Zonenschlagbaum hob sich — Lange Vorbereitung**

DIE GRÖSSTE BERLINER TAGESZEITUNG

Nr. 156 / 7. Jahrgang   Berlin, Mittwoch, 9. Juli 1952   (Auswärts 20 Pf) 15 Pf

Ausfallstraßen werden gesperrt

**Berlin ergreift rigorose Maßnahmen zum Schutz gegen Menschenraub — Alle Uebergänge
werden durch bewaffnete Polizei bewacht — Mathewson protestiert in Karlshorst**

Heute:
Kino der Woche

UNABHÄNGIGE ZEITUNG FÜR DEUTSCHLAND

5. Jahr · Nr. 159   BERLIN · FREITAG · 11. JULI 1952   15 Pf. · Ausw. 20 Pf.

Erregte Szenen bei der Massenkundgebung gegen Menschenraub.   (Foto: AP)

Berlins Antwort auf den Menschenraub

Erregter Protest von Zehntausenden — Schlägereien mit Kommunisten

Berlin, 10. 7. (Eigenmeldung). Die Empörung der Berliner über die Entführung
Dr. Linses, die Übergriffe des SSD, die Schikanen der Volkspolizei, der ganze Ab-
scheu gegen die Machthaber im Osten hat sich gestern auf dem Rudolph-Wilde-Platz
vor dem Schöneberger Rathaus Bahn gebrochen. So elementar und unerwartet, daß

selbst ein großes Aufgebot von Bereitschaftskommandos der Polizei nicht mehr in
der Lage war, randalierende Kommunisten vor der Wut der Berliner zu schützen. Es
kam zu schweren Schlägereien, bis auf die Treppe des Rathauses wurden FDJler von
der Menge verfolgt.

Die Bevölkerung West-Berlins ist wegen des Verbrechens zutiefst empört und
wütend, zugleich aber auch verängstigt und hilflos. Auszüge aus der West-Berliner Tagespresse vom 8. und 9. Juli 1952.

zer Büchsenmacher für 58 bis 158 SFr feilbietet. Aber die Alliierten zeigen sich bei der Ausgabe von Waffenscheinen äußerst zurückhaltend, so dass es bei den Schreckschusspistolen bleiben muss.[215]

Da die Ausgabe von Waffen an die Mitarbeiter nicht in dem gewünschten Maße möglich ist, versucht man, andere Maßnahmen zu ergreifen. Die Mitarbeiter, die in den Westsektoren wohnen, sollen mitteilen, wenn sie sich bedroht fühlen, damit die Polizei ein besonderes Auge auf sie haben kann. Ein bisschen spät, möchte man meinen. Denn es hat Warnungen und Hinweise gegeben. Linse hat „Dr. Friedenau", wenn man einem Spitzelbericht von einer Mitgliederversammlung im UFJ Glauben schenken kann, bereits Wochen zuvor schriftlich mitgeteilt, „dass er sich beobachtet und verfolgt fühlt, und dass er Nachricht erhalten hätte, dass auf ihn eine Kopfprämie ausgesetzt sei. Friedenau hätte diese Meldung zu den Akten gelegt und ihr keine größere Bedeutung beigemessen."[216]

Als nach Linses Verschleppung vier Verhaftungen von Mitarbeitern im Osten bekannt werden, liegen bei „Dr. Friedenau" und seinen Kollegen die Nerven blank. Wieso, fragt sich „Dr. Friedenau", arbeiteten sie alle in demselben Referat? Der entsprechende Referatsleiter fasst bereits die Frage als Verdächtigung auf. Und dennoch: Die Frage nach einem Spion innerhalb des UFJ, insbesondere in Linses Abteilung Wirtschaft, wird drängender. Fünf Verdächtige werden genannt: Linse, die Verwalterin der Abteilung Kartei, die Verwalterin der Zentralkartei, die Sekretärin von „Hansen", Ruth Schramm, und eine weitere Person, deren Identität die BStU verschleiert.[217] Bei Schramm wird eine Hausdurchsuchung vorgenommen, die allerdings ohne Ergebnis bleibt. Gleichwohl bleibt sie verdächtig. Am 21. Juli 1952 unterzieht man alle Mitarbeiter einem Lügendetektortest - nichts. Am darauffolgenden Tag allerdings setzt sich Schramm, die erst seit vier Monaten im UFJ arbeitet, zusammen mit ihrem Geliebten Hans-Dieter Kühn nach Ost-Berlin ab. Wenige Tage später taucht sie als Zeugin in einem Schauprozess gegen UFJ-Mitarbeiter vor dem Obersten Gericht der DDR in Ost-Berlin auf, wo sie von der Vorsitzenden, Hilde Benjamin, verhört wird. Unter ihrem Namen veröffentlicht die Ost-Propaganda einen Erlebnisbericht über die „verbrecherischen Umtriebe" des UFJ.[218] Die Verräterin scheint gefunden! Aber es deutet einiges darauf hin, dass Schramm und Kühn mit der Verschleppung Linses weniger zu tun haben, als die Zeitgenossen glauben möchten. Die Berichterstattung des „Stern" zielt, indem sie ein Bild Schramms, sich im Badeanzug in der Sonne räkelnd, veröffentlicht, eher darauf ab, sie in einer ähnlichen Weise zu dämonisieren wie die Hassfigur Hilde Benjamin.

Während man im UFJ zwar wenig, aber immerhin doch etwas tun kann, um das innere Gleichgewicht zurückzuerhalten, ist die Bevölkerung West-Berlins mehrheitlich zutiefst empört und wütend, zugleich aber auch verängstigt und

---

215 Vgl. BArch, B 209/29.
216 BStU, ZA, ANS AIM 14864/89 A, Bd. 1, S. 8.
217 Ebd., S. 10.
218 Vgl. Aussage Ruth Kühn vor der Staatsanwaltschaft Berlin am 26.3.1992 (StA, 29 Js 431/91, Bd. I); „Der grosse Verrat". In: Stern vom 26.10.1952; Neues Deutschland vom 25.7.1952.

hilflos. „Entführungen müssen ein Ende haben" titelt der „Tagesspiegel" am 9. Juli – eine Forderung, die so angemessen wie aussichtslos ist. Geradezu rührend muten die von verschiedenen Bürgern an Politiker herangetragenen Vorschläge an, dass man etwa Plakate an der Sektorengrenze mit Informationen über den Unrechtscharakter des SED-Regimes aufstellen möge. Man fordert bessere Schutzmaßnahmen, eine bessere Ausstattung der Polizei, die Wiedereinführung der Todesstrafe für derartige Verbrechen und die Ausgabe von Waffenscheinen an gefährdete Politiker und Aktivisten wie Linse. Nicht zuletzt bricht sich massiver Antikommunismus Bahn, Vergeltungsmaßnahmen gegen die KPD und SED in der Bundesrepublik, beispielsweise die Verhaftung des Fraktionsführers der KPD im Bundestag, Max Reimann, werden gefordert.[219]

Wie erregt die Gemüter sind, zeigt sich am 10. Juli auf dem Rudolph-Wilde-Platz vor dem Rathaus Berlin-Schöneberg, dem Amtssitz des Regierenden Bürgermeisters von West-Berlin. Parteien, Gewerkschaften und Widerstandsorganisationen haben zu einer Protestkundgebung aufgerufen, und 20–30.000 sind gekommen. Es ist um 19.30 Uhr immer noch brütend heiß, als sich auf dem Balkon Ernst Reuter, „Dr. Friedenau" und andere Persönlichkeiten zeigen. Die Freiheitsglocke wird geläutet. Bereits die erinnernde Schilderung des Verbrechens durch den Vizepräsidenten des Abgeordnetenhauses, Franz Amrehn, und die Rede „Dr. Friedenaus" wird durch zahlreiche Zwischenrufe der erregten Menge unterbrochen. Unter den Zwischenrufern sind offensichtlich auch mehrere Kommunisten, die sich in einer anderen Weise als die anderen Gehör verschaffen wollen. Reuter muss seine Rede unterbrechen, weil die Störer plötzlich angegriffen werden. Es entstehen Handgemenge, Tumulte, Schlägereien. Man zerrt einen Störer fort. Und schließlich greift die Polizei ein und nimmt sieben Störer und weitere 16 Teilnehmer fest. Es sind Verletzte zu verzeichnen.[220]

Was soll Reuter schon sagen bei dieser Kundgebung? Auch er ist aufgewühlt. Er beschimpft die deutschen Helfer der Sowjets, kündigt Maßnahmen zur Grenzsicherung an und echauffiert sich über kommunistische Agitation in einigen Laubenpieperkolonien. So wenig er im Moment auch tun kann, so überzeugt ist er vom Sinn solcher Kundgebungen. Denn bereits die Protestdemonstration anlässlich des Todesurteils gegen Hermann-Joseph Flade habe bewirkt, dass dieser zu lebenslanger Haft begnadigt worden sei. Und so fordert er voller Inbrunst: Linse „muss uns zurückgegeben werden!"[221]

Allerdings zeigen nicht nur die Störer auf dem Rudolph-Wilde-Platz, dass nicht alle Menschen in West-Berlin Anteil an Linses Schicksal nehmen und dessen Freilassung fordern. Vor einer Litfasssäule, an der Steckbriefe mit den Bildern der mutmaßliche Täter angeschlagen sind, kann man hässliche Kommentare vernehmen, und einer bedauert, „dass nicht noch mehr ‚Linsen' verloren" gegangen seien.[222]

---

219 Vgl. LA Berlin E Rep. 200-88, Nr. 40; BArch, B 137, 1063; BArch, B 136, 6539.
220 BStU, ZA, MfS, GH 105/57, Bd. 5, S. 192–194; Der Kurier vom 11.7.1952; Die Neue Zeitung vom 11.7.1952; Der Tag vom 11.7.1952; Tagesspiegel vom 11.7.1952 (alle ACDP I-295-007).
221 Der Senat von Berlin, Presseamt, Mitteilung vom 10.7.1952 (LA Berlin, E Rep. 200-21, Nr. 113).
222 BStU, ZA, MfS, GH 105/57, Bd. 4, S. 85.

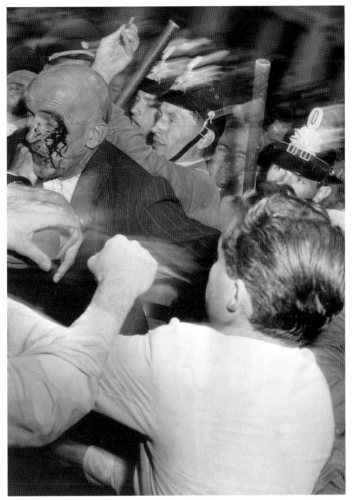

Während einer Protestkundgebung am 10. Juli 1952 auf dem Rudolph-Wilde-Platz werden kommunistische Störer attackiert. Die Polizei greift ein; Ullstein Bild.

Aber überwiegend herrschen in West-Berlin Hilflosigkeit und Wut vor, die sich gegen „die" Kommunisten richtet. Zur gleichen Zeit richten sich alle Hoffnungen auf die Alliierten, insbesondere auf die Amerikaner. Der Überfall ist im US-Sektor verübt worden, ihnen traut man zu, den Sowjets mit hinreichender Autorität gegenüber zu treten. Nicht seit jeher sind die Amerikaner die Verbündeten der West-Berliner gewesen und nicht seit jeher haben sie sich gegen offene oder konspirative Verhaftungen der östlichen Siegermacht entgegengestellt. Der Fall Kemritz und viele weitere geben Zeugnis davon.[223] Doch inzwischen hat sich der weltpolitische Wind gedreht: Die Bundesrepublik unter Adenauer entwickelt sich gerade zu einem ernsthaften Bündnispartner im weltweiten

223 Vgl. Smith, Kidnap city; Riess, Berlin, Berlin.

Kampf gegen den Kommunismus. Also wird nun die Besatzungsmacht aktiv. Der Kommandeur der USA in Berlin, Lemuel Mathewson, schreibt noch am Tattag einen geharnischten Protest an den Vertreter der Sowjetischen Kontrollkommission, Sergei A. Dengin, in dem er darauf hinweist, dass es sich bei der Flucht der Bande mit ihrem Opfer in die DDR um eine koordinierte und von der sowjetischen Besatzungsmacht gebilligte Aktion gehandelt haben müsse.[224] Als am Abend der Amerikanische Hohe Kommissar, John McCloy, dem Vorsitzenden der Sowjetischen Kontrollkommission, Wassili Iwanowitsch Tschuikow, in Karlshorst seinen Abschiedsbesuch abstattet, trägt er ihm auch die Forderung nach Freilassung Linses vor. Der Angesprochene verwahrt sich gegen die Unterstellung, er habe etwas mit der Tat zu tun, zeigt sich aber kooperationsbereit.[225]

Am 11. Juli kommen in Washington neun Vertreter des Außen-, des Verteidigungsministeriums und der CIA zusammen, und die Verschleppung beherrscht das ganze Meeting. Man versucht sich in einer Lageeinschätzung: Einerseits erfordert die freche Tat eine starke Reaktion, weil sie einen qualitativen Sprung bedeutet. Andererseits sind die Möglichkeiten für eine wie auch immer geartete Vergeltung gering, denn die sowjetischen Kräfte sind den amerikanischen in Berlin überlegen. Was die Lage unübersichtlich macht, ist die Aufgeregtheit der Berliner Bevölkerung, die die amerikanische Seite unter Druck setzt, mehr zu ihrem Schutz zu tun. Aber was sollte nun geschehen? Nachdem Protest bei Dengin eingelegt worden ist, wäre Tschuikow jetzt an der Reihe, danach Moskau selbst. Eine andere Möglichkeit wäre es, sich den Zorn der West-Berliner Bevölkerung zunutze zu machen und weitere Proteste zu unterstützen oder zu initiieren. Überhaupt müssten die Deutschen, wenn Aktionen wie die Verhaftung von SED- oder KPD-Funktionären unternommen werden sollten, vorgeschickt werden, meint CIA-Mann Frank Wisner.[226] Auf jeden Fall dürfte nichts aussehen wie Vergeltungsmaßnahmen, sondern wie ganz normale rechtliche Schritte. Sinnvoll findet er auch die Einrichtung eines „liberation funds", in den bspw. die Arbeitslosenunterstützung von SED-Mitgliedern umgeleitet werden könnten, sofern man ihnen diese versagen würde.[227]

Was im Ad Hoc Berlin Committee unter dem Siegel der Verschwiegenheit („Top Secret") erwogen wird, ist nicht für die Öffentlichkeit bestimmt und hat zunächst auch keine habhaften Konsequenzen. Auf der militärisch-politischen Ebene bemüht sich McCloy weiter, schreibt etwa am 18. Juli an Tschuikow. Da Linse nicht wieder herausgegeben worden ist, sich vielmehr gar nichts tut, versucht am 31. Juli der stellvertretende amerikanische Hohe Kommissar, Samuel Reber, erneut, Tschuikow zum Handeln zu bewegen,[228] aber wieder erfolglos. Die Sowjets bestreiten, dass beim Grenzübertritt der Schlagbaum geöffnet worden sei;[229] der amerikanische Hohe Kommissar in Bonn, Walter Donelly, findet diese Antwort in seiner Note vom 28. August „völlig unbefriedigend".[230] Bei

224 Der Staatssicherheitsdienst, S. 148 f.
225 Berlin. Chronik der Jahre 1952–1954, S. 426.
226 Smith übersieht das „if" auf S. 1282 in der Quelle.
227 Vgl. FRUS, S. 1279–1282.
228 Der Staatssicherheitsdienst, S. 152–154.
229 Ebd., S. 154.
230 Berlin. Chronik der Jahre 1952–1954, S. 475.

einem Besuch in Berlin Anfang September trifft er auch Tschuikow und spricht den Fall Linse an – erneut ohne Erfolg. Scheinheilig täuscht Tschuikow Nichtwissen vor.[231] Allerdings will man in Kontakt bleiben, und am 22. September lässt Donelly Tschuikows Apparat seine Ermittlungsergebnisse zuleiten. Am 2. Oktober liefert man weiteres Material, und die Sowjets versprechen, den Fall zu untersuchen.[232] Aber sie tun einfach nichts, und dann gehen sie im Oktober gleichsam in die Offensive und beschweren sich bei den Amerikanern über die Aktivitäten von RIAS, UFJ und anderen Widerstandsorganisationen in West-Berlin. Für die westlichen Hohen Kommissare ist das Anlass genug, erneut die Freilassung Linses zu fordern und eine Ehrenerklärung für die Angegriffenen abzugeben.[233] Und so weiter: Die Amerikaner begehren hin und wieder Aufklärung des Falls und die Freilassung Linses, und die Sowjets sind erkennbar nicht gewillt, diesem Begehren nachzukommen. 1954 gerät das Spiel zur Farce, als die westliche Seite der östlichen die Renovierung eines Denkmals im Westsektor mit dem Verweis auf den noch nicht geklärten Fall Linse verweigert.[234]

Die anderen westlichen Alliierten engagieren sich nicht in derselben Weise wie die Amerikaner; aber sie sind ja nicht zuständig. Wellen schlägt das Verbrechen allerdings auch dort. Am 14. Juli, 15. Oktober und 22. Oktober wird der Fall Linse zum Gegenstand einer Anfrage im Britischen Unterhaus.[235]

Im politischen Bonn schlägt die Nachricht von Linses Verschleppung ein wie eine Bombe; sie geht am folgenden Tag hoch, als der Bundestag zusammenkommt, um über den Generalvertrag – den die östliche Propaganda als „Generalkriegsvertrag" zu diffamieren pflegt – zu beraten. Als der Chef der KPD-Fraktion, Max Reimann, zum Rednerpult schreitet, erheben sich die Mitglieder der anderen Fraktionen und verlassen aus Protest den Saal. „Bleiben Sie einen Moment hier! Ich will Ihnen etwas sagen!" ruft Reimann. „Wollen wir gar nicht hören", kommt es zurück. Lediglich die Abgeordneten der KPD bleiben sitzen, um Reimann den Überfall rechtfertigen zu hören.[236]

Auch Bundeskanzler Adenauer ist empört. Er plädiert jedoch dafür, Ruhe zu bewahren, sich nicht zu unüberlegten Taten hinreißen zu lassen. Man muss jetzt einerseits hart bleiben, sich nicht erpressen lassen, andererseits darf man nicht vergessen, dass Berlin für den Westen der wunde Punkt ist. Für den Alten hängt alles mit allem zusammen und wird sich nur in einem Gesamtpaket verhandeln lassen.[237]

Parlamentarisch behandelt wird die Angelegenheit erst eine Woche später, am 16. Juli. Die Debatte ist kurz, und mit Ausnahme der KPD-Abgeordneten zeigen sich erneut alle empört. Willy Brandt gelingt es, den Grund für die verbreitete Gefühlswallung zu benennen: In „der Person von Dr. Linse hat man jeden einzelnen von uns angegriffen!" Er nennt den Staatssicherheitsdienst

231 Ebd., S. 486.
232 Ebd., S. 499, 508, 516.
233 Ebd., S. 548.
234 FRUS, S. 1384 f.
235 Parliamentary Debates (Hansard), Fifth Series – Volume 503, House of Commons, Session 1951–52, London 1952, S. 1282, 1789; ebd. Volume 505, S. 202, 1003.
236 Zit. nach Staritz, Die Gründung der DDR, S. 27.
237 Vgl. Adenauer, Teegespräche, S. 329 f.

„rote Gestapo" und verteidigt Widerstandsaktionen von UFJ und anderen Befreiungsorganisationen als verdienstvoll und gerecht, warnt aber zugleich davor, dem Gegner allzu leichtsinnig entgegenzutreten.[238] Aus gutem Grund, denn Demokratie und Rechtsstaat sind im Kampf dem SED-Regime systematisch unterlegen, wie Bundesminister Jakob Kaiser aufzeigt, indem er allen Vergeltungsmaßnahmen eine Absage erteilt. Unrecht dürfe nicht mit Unrecht vergolten werden, man könne lediglich versuchen, sich besser zu schützen.[239]

Darum bemühen sich unterdessen die West-Berliner Politiker, die die Versäumnisse, die man hinterher natürlich leicht diagnostizieren kann, am besten beurteilen können. Im Innenausschuss des West-Berliner Abgeordnetenhauses werden Schutzmaßnahmen erörtert, die weitere Verschleppungen in der zuletzt bekannten Art erschweren und verhindern helfen sollen.[240] Warnschilder 300 Meter vor der Grenze aufstellen, ist kein Problem – aber was hülfe das? Man müsste Polizeiposten an der Grenze einsetzen, sie und gefährdete Zivilpersonen mit Waffen ausstatten und geeignete Grenzbefestigungen errichten. Doch die Umsetzung derartiger Vorschläge scheitert regelmäßig an den Alliierten, die den Schusswaffenbesitz streng kontrollieren und in der Errichtung von Bollwerken einen Verstoß gegen das Kontrollratsgesetz sehen. Also bleiben weiterhin nur ohnmächtige Proteste und öffentlichkeitswirksame Veranstaltungen wie der Juristenkongress, bei dem Linses Stuhl frei bleibt.

Und bald nach der Verschleppung schlägt auch die Stunde der Aufschneider, Spinner und Dunkelmänner, die alle Walter Linse gesehen haben wollen und damit ein weit verbreitetes Bedürfnis nach Auskunft über seinen Verbleib und Ergehen zu befriedigen trachten. Denn natürlich sucht man fieberhaft nach Spuren, und da ist prinzipiell jeder Hinweis willkommen. Die KgU etwa, an die Linse sich kurz zuvor noch wegen der Suche nach einer Person gewendet hat, nimmt ihn nun als Vermissten in ihre Suchkartei auf. Weniger seriös dagegen der Mann, der in Berlin mit einer Sammelbüchse durch die Straßen zieht, um Geld für die Befreiung Linses einzuwerben.[241] Einer will Linse im Zuchthaus Bautzen gesehen haben, dann soll er in Dresden aufgetaucht sein.[242] Der nächste will Angaben zu den Entführern machen, die angeblich in der Bundesrepublik untergetaucht sind. Ob er im Gegenzug von den westdeutschen Strafverfolgungsbehörden nicht mehr behelligt werde?[243] Wiederum ein anderer bietet an, dem UFJ gegen Geld fortan Informationen zu liefern. Er will mit Linse per Klopfzeichen in Verbindung gestanden haben. „Ist unerträglich, helft mir" habe Linse signalisiert. Von einem russischen Bewacher habe er erfahren, dass Linse zum Tode verurteilt und im Januar 1953 per Flugzeug nach Brest gebracht worden sei.[244] Ausgiebig lässt sich ein weiterer Informant zur Causa Linse ein. Er will wissen, dass höchste Stellen im Politbüro der SED, des Staats-

---

238 Deutscher Bundestag, 223. und 224. Sitzung am 16.7.1952, S. 9943.
239 Ebd., S. 9944.
240 Protokoll der Sitzung vom 27.9.1952 (LA Berlin, B Rep. 001, Nr. 144).
241 Informationsbrief des Untersuchungsausschusses Freiheitlicher Juristen der Sowjetzone, Nr. 32 vom 10.10.1952, S. 252.
242 BArch, B 289, 9504.
243 BArch, B 289, 3582.
244 BArch, B 209, 1070.

sicherheitsdienstes und des MWD die Verschleppung angeordnet hätten. Aber die Angaben passen zu gut ins Bild, das man von den „SEDisten" hat. Also bleibt man im UFJ, wo die Aussage vorgetragen wird, skeptisch und sieht darin eine bewusste Irreführung durch das MfS.[245]

2. Die West-Berliner Polizei ermittelt

Alles hatte heimlich ablaufen und danach geheim bleiben sollen, aber das MfS verschätzte sich grob. Die unbekümmerte Vorbereitung des Verbrechens, die Ausführung am hellichten Tag und die große Zahl der Mitwisser sorgen dafür, dass die West-Berliner Polizei alsbald einige Ansätze für eigene Ermittlungen erhält. Zwar ist Linse nun wie vom Erdboden verschluckt, aber die Umstände des Menschenraubes gelangen peu à peu an das Tageslicht. Der Kriminalassistent Wardetzki heftet sich an die Fersen der Täter.

In einem ersten Bericht präsentiert er 17 Verdächtige, die an der Vorbereitung und schließlichen Entführung beteiligt gewesen sein sollen.[246] Er nennt auch die Namen der mutmaßlichen Haupttäter, und am 14. November wird für sachdienliche Hinweise, die zu ihrer Festnahme führen, eine Belohnung von 10.000 Mark ausgesetzt.[247] Was in dem Bericht deutlich zutage tritt, ist, dass das MfS mit der organisierten Kriminalität in Berlin ein enges Bündnis eingegangen ist, das MfS gleichsam selbst in den Untergrund gegangen ist: Mit Schwarzmarktgeschäften erwirtschaftet man die Geldmittel, die für die Beschaffung von Waffen, Autos und die Entlohnung von Spitzeln und der ausführenden Täter nötig sind. Die Akribie, mit der Wardetzki diese Strukturen offenlegt, lässt dann fast einen wichtigen Umstand in den Hintergrund treten: dass nicht die gesuchten Harry Liedtke, Josef Dehnert, Erwin Knispel und Herbert Nowak die Tat verübt haben, sondern andere, deren Namen man zu diesem Zeitpunkt noch nicht kennt. Die Männer auf dem Steckbrief sind gleichwohl nicht unschuldig, denn sie haben einen anderen Entführungsversuch in Moabit unternommen.[248]

Bald erkennt Wardetzki, dass er einem Irrtum aufgesessen ist. Also rudert er in einem „Zwischenbericht" vom 18. Februar 1953 zurück,[249] bleibt aber am Ball. Er hat einen wichtigen Informanten, einen V-Mann, von dem angenommen werden kann, dass es sich um den Bruder von Knoblochs seinerzeitigen Geliebten handelt. Und so gerät der junge Mann, der inzwischen unter dem Namen Müller in Leipzig lebt, in das von Wardetzki ausgelegte Netz. Es sind womöglich die vielen gebrochenen Frauenherzen, die ihm zum Verhängnis werden.

Knobloch fällt nach der Tat durch seine Undiszipliniertheit auf. Gleich nachdem er von Marustzök seinen Lohn erhalten hat, kauft er ein und macht seiner

---

245 HAIT-Archiv, Akte Walter Linse.
246 Bericht vom 13.11.1952 (LA Berlin, F Rep. 280, LAZ-Sammlung, Nr. 17843).
247 Vgl. Urteil des Landgerichts Berlin gegen Knobloch. In: StA, Bd. I, S. 56.
248 StA, Bd. IIa, S. 17.
249 Ebd.

Geliebten und ihrem Bruder Geschenke: für sie eine goldene Uhr, für ihn eine Arbeitshose. Die Taschen voller Geldscheine und eine Pistole, die stolz präsentiert wird – das provoziert natürlich des Kumpels Neugier, die Knoblochs Antwort, er verdiene mit Kaffeeschmuggel Geld und benötige die Waffe zum Schutz gegen den Zoll, nicht so recht befriedigen will. Als Knobloch weiterzieht, um seine Eltern zu besuchen, folgt ihm der Misstrauische. Auch dort hat er seine Waffe herumgezeigt. Erneut zur Rede gestellt, erzählt ihm Knobloch, was sich am frühen Morgen ereignet hat.[250] In seinem Verhalten gleicht Knobloch seinen Spießgesellen, die im Unterschied zu ihm allerdings nicht gefasst werden. „Undiszipliniertheit [...], angeberhafte Redereien, Saufen, nicht arbeiten wollen, ständige Besuche untereinander, Unehrlichkeit" – so klagt MfS-Mann Knye in einem Bericht vom 9. April 1954 über diese Truppe.[251] Aber Knobloch fällt eben häufiger auf. Da taucht zum Beispiel der Vorwurf auf, er „führe in der letzten Zeit einen sehr unsoliden Lebenswandel, saufe viel und besitze deshalb offenbar viel Geld". Bei einer dieser Orgien fällt im September 1952 ein Schuss aus einem Luftgewehr, durch den ein Kind verletzt wird. Die Polizei taucht auf, durchsucht die Wohnung und beschlagnahmt einen Revolver. Knobloch bleibt gelassen. Er gibt zu verstehen, dass er Freunde hat, die mächtiger sind als die Polizisten und ihm die Waffe zurückholen werden.[252]

Nachdem Marustzök und die Entführer mitsamt ihren Familien zunächst einen sechswöchigen Urlaub in Heringsdorf an der Ostsee verbracht haben in der Hoffnung, dass sich zwischenzeitlich in Berlin die Wogen der Empörung legen, versucht das MfS, die vier dauerhaft aus Berlin herauszuschaffen. Das MfS verfügt Knoblochs Übersiedelung nach Leipzig, wo man ihn besser kontrollieren zu können glaubt. Zusätzlich wirbt Bennewitz eine Frau als Aufsichtsperson an, die mit Knobloch zusammenzieht. Die beiden leben zuerst in einem Hotel, ziehen dann in ein Haus um, in dem auch Marustzök eine Dienstwohnung hat und wo außerdem Kurt Borchert mit Frau und zwei Kindern untergekommen ist. Allerdings werden Knobloch und seine Bewacherin ein Paar, und Knobloch vertraut der bis dahin Ahnungslosen die Sache mit Linse an.

In der Zwischenzeit haben Knobloch und sein Kumpel den Kontakt nicht abreißen lassen. Dass dieser sich Wardetzki anvertraut hat und den Plan schmiedet, ihn der West-Berliner Polizei auszuliefern, ahnt Knobloch nicht. In Absprache mit dem Kriminalbeamten gelingt es dem Kumpel schließlich, Knobloch zu einem bereits im Sommer geplanten, der Umstände halber verschobenen Einbruch bei einem Schrotthändler in West-Berlin zu bewegen. Er muss dazu nicht viel Überzeugungsarbeit leisten, denn Knobloch hat den Plan die ganze Zeit über nicht vergessen. Am Abend des 9. März 1953 ist es schließlich soweit. Doch als die beiden zu Werke gehen, wartet bereits die Polizei auf sie. Knobloch wird Wardetzki vorgeführt, erleidet einen Nervenzusammen-

250 Urteil gegen Knobloch. In: StA, Bd. I, S. 51.
251 BStU, ZA, MfS, GH 105/57, Bd. 4, S. 6.
252 Ebd., S. 54.

bruch, er gesteht, versucht sich das Leben zu nehmen. Später nimmt er sein Geständnis zurück und präsentiert neue Versionen seiner Geschichte.

Derweil entspinnt sich um Knoblochs neue Geliebte ein – zumindest für die östliche Seite – unklares Spiel. Offenbar lockt Wardetzkis V-Mann auch sie mit einer Nachricht in ein Eiscafé im Westsektor Berlins, angeblich, weil er eine schriftliche Botschaft des seit kurzem vermissten – weil am 9. März festgenommen – Knobloch zu überbringen habe. Doch statt einer Nachricht von ihrem Kurt wartet im Eiscafé bereits die Kriminalpolizei auf sie. Am 11. März 1953 wird sie von Wardetzki vernommen, der über ihre Vernehmung ein Protokoll anfertigt, das seinen Weg zum MfS findet.[253] Sie wird aber nicht festgenommen, darf sogar Knobloch sehen und dann ihrer Wege gehen. Kaum hat sie die Polizeidienststelle verlassen, versucht sie, Kontakt zum MfS aufzunehmen, was ihr nach einigen Irrungen auch gelingt. Sie sagt über alles aus, was ihr bei der West-Kripo widerfahren ist. Warum sie das tut, daraus wird auch Bruno Beater nicht schlau, der diese Angelegenheit in einem Bericht vom 16. April 1953 festhält. Er findet die ganze Angelegenheit „sehr mysteriös".[254] Die Frau, die inzwischen vermutlich schwanger ist, geht zurück nach Leipzig und verhält sich von nun an unauffällig. Im MfS ist man ratlos: Ist sie nun eine Spionin oder sagt sie die volle Wahrheit?

Das Gericht glaubt Knoblochs Unschuldsbeteuerungen und immer neuen Versionen nicht, denn die Beweislage ist zu gut. Er wird in zweiter Instanz zu zehn Jahren Gefängnis verurteilt. Wardetzki hat insofern Grund, gut gelaunt zu sein. Am 7. April 1953 legt er seinen Schlussbericht vor. Knobloch ist gefasst und geständig, die Umstände der Verschleppung Linses sind aufgeklärt. Allein eine Frage harrt weiterhin einer Antwort: „Die wahren Hintergründe über den Zweck der Entführung Dr. Linses sind nicht geklärt worden."[255]

3. Schauprozesse im Osten

Während in West-Berlin und der Bundesrepublik am 8. Juli 1952 ein Aufschrei der Empörung anschwillt und auch in der nächsten Zeit nicht enden will, während die Kriminalpolizei ihre Ermittlungen aufnimmt, die schließlich zur Verurteilung von Siegfried Benter und Kurt Knobloch führen, geschieht in Ost-Berlin und der DDR – nichts.

Als erste Reaktion erscheint erst am 13. Juli ein längerer Kommentar in der Parteizeitung der SED, den psychologisch zu deuten sicherlich interessant wäre. Inhalt und Ausdrucksweise geben die Richtung vor, in der man die Angelegenheit zu behandeln gedenkt: Für den Fall Linse interessiert man sich nicht, und auch „die anständigen Menschen in Westberlin" tun es nicht. Die Aufregung um Linse ist von den amerikanischen Kriegstreibern und ihren deutschen Helfershelfern inszeniert, um von den realen Bedrohungen für den Weltfrieden

253 BStU, ZA, AIM, 2559/63 P, S. 198–202.
254 Ebd., S. 52.
255 StA, Bd. IIa, S. 18.

abzulenken. Wer unterzeichnet denn dieser Tage den Generalkriegsvertrag? Doch der Bonner Bundestag. Und wer hat soeben den planmäßigen Aufbau des Sozialismus beschlossen? Die Friedenspartei SED. Na also! Wer sollte also Interesse „an dem verschwundenen Oberspion Linse und dem ganzen stinkenden Linsengericht der Westberliner Agentenzentrale" haben? Sollen die Behörden doch lieber gegen „das in Westberlin in erschreckender Zahl auftretende Verbrechertum" vorgehen![256]

Ohrenbetäubendes Schweigen dröhnt auch aus dem Politbüro des ZK der SED. Am 15. Juli versammelt man sich zu seiner nächsten Sitzung (die letzte hat am 8. Juli stattgefunden). Der Protokollentwurf verzeichnet als dritten Tagesordnungspunkt die „Mitteilung des Amtes für Information zur Note der Westmächte". Hier erfährt man, dass sie „als Grundlage angenommen" worden sei. Aber diese Passage wurde von unbekannter Hand durchgestrichen, die Nummerierung korrigiert. In der Reinschrift taucht der Punkt gar nicht mehr auf.[257]

Linse ist der SED, dem MfS und allen anderen Stellen im Unterdrückungsapparat fortan bestenfalls eine Fußnote wert. Man ignoriert ihn einfach und leugnet. Um so größere Aufmerksamkeit widmet sich die Propaganda einer Reihe von Schauprozessen gegen mutmaßliche UFJ-Mitarbeiter in der DDR. Vor dem Obersten Gericht in Ost-Berlin beginnt einer am 25. Juli, vor dem Landgericht Halle wird am 30. Juli ein Urteil gesprochen, vor dem Landgericht Dresden ebenfalls am 30. Juli und vor dem Landgericht Potsdam am 5. August.[258] Die Prozesse verlaufen ohne Überraschungen, sind aufeinander abgestimmt, und es ist nicht auszuschließen, dass ursprünglich auch Linse vor dem Obersten Gericht ein öffentlicher Prozess gemacht werden sollte, ein Vorhaben, von dem man wegen der großen Publizität seiner Verschleppung aber Abstand genommen hat.[259]

Dass das Regime nach dem Vorbild der Sowjetunion Schauprozesse durchführt, in denen die Angeklagten nach wochenlanger Zermürbung sich in absurden Selbstanklagen ergehen, liegt in der Natur der kommunistischen Diktatur. Warum sollte gerade die DDR von dem Muster abweichen? In der verschärften Auseinandersetzung der frühen fünfziger Jahre mit dem Konkurrenten Bundesrepublik ist sie dringend auf einen Feind angewiesen, dem man alle systemimmanenten Verwerfungen zuschreiben kann. Bleibt die Frage, warum gerade im August 1952 der UFJ so massiv an den Pranger gestellt werden sollte. Indizien deuten darauf hin, dass diese Strategie mit den Vorbereitungen auf den Juristenkongress in West-Berlin zu sehen sind, der in diesen Tagen stattfindet (25. Juli bis 1. August 1952), an dessen Vorbereitung auch Linse beteiligt gewesen ist.[260]

Die Prozesswelle im Juli wird begleitet von einer ausgiebigen Propagandaoffensive. Der erwähnte Schmähartikel markiert den Auftakt. Was aber ungleich

256 Neues Deutschland vom 13.7.1952.
257 SAPMO-BArch, DY 30/IV 2/2/220.
258 Kraushaar, Protestchronik.
259 Vgl. Aussage Deriabins. In: Murder International, Inc., S. 22.
260 Vgl. ebd., S. 77.

größere Aufregung verursacht, ist der offene Brief, den Ruth Schramm unterzeichnet hat und der in derselben Ausgabe des Neuen Deutschlands veröffentlicht wird.[261] Dort berichtet sie von ihrer viermonatigen Tätigkeit als Sekretärin beim UFJ. Sie tritt wenige Tage später auch als Zeugin im Verfahren vor dem Obersten Gericht auf. Vom bundesrepublikanischen Staatsanwalt rund vierzig Jahre später befragt, will sie nur wenige Minuten von der Benjamin vernommen worden sein,[262] was nicht ganz glaubhaft erscheint, denn das im ND abgedruckte Protokoll der Vernehmung ist doch recht ausführlich.

4. Die Rolle der Sowjets

Seitdem die ostdeutschen Archive geöffnet sind, weiß man, wer das Schurkenstück der Verschleppung Linses ausgeführt hat: Bennewitz und seine Komplizen. Auch die Hintermänner kennt man: Marustzök und das MfS. Doch wer waren die Hintermänner der Hintermänner? Es ist bekannt, dass vor allem in den frühen Jahren keine größere Aktion – und schon gar nicht die hier behandelte – ausgeführt werden konnte, ohne die Einwilligung der „Freunde", das heißt des sowjetischen Geheimdienstes MGB, auch wenn die Befehle, Besprechungen etc. nicht aktenkundig geworden sind. Weiterhin ist bekannt, dass deutsche und sowjetische Stellen arbeitsteilig vorgegangen sind: Linse ist auch von einem russischsprachigen Militär verhört worden, er wurde schließlich den Sowjets übergeben, verurteilt und in Moskau hingerichtet. Wie genau sich indes diese Zusammenarbeit vollzog und welche Motive die „Freunde" bewogen haben, die Tat anzuordnen oder ihr zuzustimmen – das bleibt wegen des verschlossenen Zugangs zu den Quellen verborgen.

Der MGB hatte Grund genug, das Treiben „Dr. Friedenaus" und seines UFJ argwöhnisch zu beobachten. Nicht auszuschließen ist, dass die Pläne zur Errichtung eines „stay behind net" in irgendeiner Weise bemerkt wurden. Mit dieser auch innerhalb der CIA und dem UFJ umstrittenen Aufgabe, gegen die sich die „Hebamme" des UFJ, Henry Hecksher, vergeblich stemmte, war die sogenannte B-Abteilung beauftragt worden, die innerhalb des UFJ weitgehend ein Eigenleben führte.[263] Möglich ist aber auch, dass diese Pläne nicht bekannt wurden, denn in den zum Fall Linse veröffentlichten Unterlagen tauchen sie so gut wie gar nicht auf. Linse gibt sich im Verhör jedenfalls ahnungslos,[264] obwohl er sich über ihre Aufgaben in groben Zügen doch informiert zeigt.[265]

Einer anderen Theorie zufolge war dem MGB der für Juli 1952 geplante Juristenkongress ein Dorn im Auge. Man habe deshalb „Dr. Friedenau" verschleppen wollen, um die Veranstaltung zu stören. Dieser sei jedoch unerwartet nach Schweden abgereist, weshalb sich Linse als geeignetes Opfer an seiner

261 Neues Deutschland vom 25.7.1952. Weitere Berichterstattung am 26., 27., 29., 30. und 31.7.1952.
263 StA, Bd. I.
263 Vgl. Murphy/Kondrashev/Bailey, Battleground Berlin, S. 123–126; Murphy, The CIA's Berlin Operation Base, S. 150.
264 BStU, ZA, MfS, GH 105/57, Bd. 1, S. 11–13.
265 Spitzelbericht vom 25.10.1952 (BStU, ZA, MfS, GH 105/57 Bd. 4, S. 440–442).

Statt erwiesen habe. Am 2. Juli habe man deshalb grünes Licht für seine Verschleppung gegeben.[266] Aber diese Behauptung, die auf einen seinerzeit Verantwortlichen, Peter Deriabin, zurückgeht, ist angesichts des vorliegenden Quellenmaterials wenig glaubhaft.[267] Die Rolle des MGB bleibt eine Blindstelle.

5. Die lange Ungewissheit

Als das Unheil über Linse hereinbricht, ist seine Frau Helga nicht in Berlin. Sie hat sich nach Kloster Nonnenwerth am Rhein begeben, wo sie sich einer Operation unterzogen hat und nun von dieser Strapaze erholt. Jetzt ist eine erneute Operation angezeigt, auf die sie sich nun vorbereitet, und Linse in seinem Verlies ist in ernster Sorge um sie.[268]

Die Nachricht von ihres Gatten Verschleppung trifft Helga hart. Was kann sie schon tun? Sie telegraphiert an den Bundespräsidenten und an weitere weltliche und kirchliche Würdenträger. An Adenauer geht am 11. Juli ihr Telegramm: „Erbitte um sofortige Freilassung meines durch Verbrecher entführten Mannes besorgt zu sein. Erwarte gegebenenfalls Repressalien gegen dieses Gesindel und ihre Helfer. Bitte mich zu empfangen." Diesen Wunsch will ihr Adenauer nicht abschlagen. Wann und unter welchen Umständen die beiden sich treffen, darüber gibt es allerdings keine Belege. Aber Helga knüpft in einem Brief vom 8. August an den Bundeskanzler an diese Begegnung an, bei dem es um „Gott in der Geschichte" und die „Verherrlichung des Kosmos" gegangen sei. Adenauer könnte altersmäßig Helgas Vater sein, und so nimmt sie die Situation auch wahr. Während Helgas Verhalten in dieser Zeit hysterische Züge trägt, versucht Adenauer, sie zu beruhigen. Ein durchaus schwieriges Unterfangen, weil er Helga wegen ihrer Schwerhörigkeit sehr laut ansprechen – wenn nicht sogar anschreien – muss.[269]

Aber natürlich kümmern sich vor allem Adenauers Mitarbeiter um die Verzweifelte, die ihrer Umwelt gehörig zu schaffen macht. Später ist ihr ihr Verhalten peinlich und sie bittet um Nachsicht. Sie verschickt Telegramme, verteilt in ihrer Berliner Kirchengemeinde Gebetszettel, schreibt ein Gedicht „Drei mal Judas" und schmiedet Pläne, beim Besuch einer Delegation der Volkskammer in Bonn aufzutreten und Rechenschaft über den Verbleib ihres Gatten einzufordern. Die Gebetszettel finden reißenden Absatz. Von der Veröffentlichung des Gedichts bringen die Beamten sie ab, und Adenauer kann sie davon überzeugen, dass es besser ist, die Delegation nicht zu treffen.[270] Bald kehrt Helga wieder an den Rhein zurück, begibt sich in ein anderes Hospital, um der neuerlichen Operation entgegenzusehen. Es gibt jedoch Schwierigkeiten mit der Hausleitung, die Helga wegen ihrer Ansprüche am liebsten wieder loswerden möchte. Adenauer reagiert ungehalten, und in der Bundesregierung begibt man sich

---

266 Deriabin/Gibney, The Secret World, S. 190 f.; Murder International, Inc., S. 29 und 77.
267 Vgl. Mampel, Entführungsfall Dr. Walter Linse, S. 12 f.
268 Spitzelbericht vom 1.9.1952 (BStU, ZA, MfS, GH 105/57, Bd. 4, S 283).
269 BArch, B 136, 6539.
270 Vgl. StBKAH I 10.23.

Helga Linse auf einer Pressekonferenz gegen den Empfang einer Volkskammerde-legation in Bonn am 29. September 1952 mit drei aus der DDR-Haft entlassenen Studenten (v.l.n.r.: Horst Schnabel, Jürgen Poppitz, Ekkehard Schumann); DPA-Picture Alliance.

auf die Suche nach einer neuen Wohnung für Helga in der Bundesrepublik. 1953 zieht sie nach Backnang bei Stuttgart.

Helga und Adenauer stehen noch länger miteinander in Kontakt. Eine Weile noch hegt sie die Hoffnung, es werde ihm bzw. der Bundesregierung gelingen, ihren Ehemann herauszuholen. Aber dann lässt Helga die Vergangenheit hinter sich und schmiedet Zukunftspläne. Dabei hilft ihr ihr tiefer Glaube über den zweifachen Schicksalsschlag hinweg: erst die Entführung, dann die zweite Operation, diesmal in Basel. Dann jedoch erscheint ein Silberstreif am Horizont, denn sie erhält ein Hörgerät, das ihr eine halbwegs normale Teilhabe am gesellschaftlichen Leben ermöglicht. Die „Ehefrau von Dr. jur. Walter Linse", wie sie unter ihrem Namen auf dem Briefkopf eines Briefs an Adenauer vom 11. Juli 1955 vermerkt, knüpft an ihre Schulzeit an und erlernt den Dolmetscherberuf, will als Sekretärin an die deutsche Botschaft in London. Ob Adenauer sie nicht empfehlen kann? Zeugnis liegt bei.[271]

Da ist aber auch der Macht des Bundeskanzlers Grenzen gesetzt. Das Auswärtige Amt hat eine ganz eigene Rekrutierungspraxis, und die Briten geizen mit Aufenthaltsgenehmigungen für Deutsche. Außerdem, wehrt Botschafter Hans von Herwarth am 30. Juli in einem Schreiben an das Kanzleramt ab, eigne sich die angestrebte Position kaum als Sprungbrett für den diplomatischen Dienst. Doch Helga ist nicht erfolglos, denn es gelingt Adenauers Stab, sie als

271 BArch, B 136, 6539.

Übersetzerin im Bundesfinanzministerium unterzubringen. Helga zieht um nach Bonn – und meldet sich kurze Zeit später wieder bei Adenauer. Am 12. Dezember 1957 setzt sie einen Brief auf: Der Briefbogen noch aus der Berliner Zeit, maschinenschriftlich hat sie nun ihre dienstliche Telephonnummer zugefügt. Sie will ihre jetzige Stellung wegen ihrer Schwerhörigkeit aufgeben und als Übersetzerin arbeiten. Um sich weiterzuqualifizieren, hat sie Abendkurse an der Universität Bonn belegt. Ob Adenauer ...? Lebenslauf liegt bei.[272]

Erneut hilft man ihr weiter.[273] Sie wird im Sprachendienst des Finanzministeriums eingesetzt. So emanzipiert sich Helga nach ihrem doppelten Unglück von der allein durch ihres Gatten Tätigkeit definierten Stellung als Hausfrau zu der einer Arbeitnehmerin aus eigenem Recht.

Als 1960 die Nachricht des sowjetischen Roten Kreuzes ergeht, Walter Linse sei am 15. Dezember 1953 verstorben,[274] glauben die Beteiligten, das Kapitel abschließen zu können. Helga bedankt sich bei Adenauer für seine Anteilnahme. „Sie haben mir stets ihr Ohr geliehen und waren mir eine große Stütze mit ihrem Zuspruch, als ich Sie vor acht Jahren aufsuchte in meiner Verzweiflung. Wir sprachen damals von Gott in der Geschichte."[275] Adenauer kondoliert und erkundigt sich bei seinem Amt nach Helgas finanzieller Situation. Sie verdient im Sprachendienst 850 DM netto, fühlt sich wohl an ihrem Arbeitsplatz und wird allseits geschätzt. Um aufdringlichen Journalisten zu entgehen, hat sie sich an einen unbekannten Ort zurückgezogen.[276] Hier verliert sich ihre Spur.

Die Nachricht von Linses Tod wird wenig später als Falschmeldung zurückgezogen.[277] Auch wenn es Indizien dafür gibt, dass sie korrekt gewesen sein mag – die Sowjets zogen es offenbar vor, nach wie vor jeden Anschein zu vermeiden, sie könnten etwas mit dem Verbrechen zu tun haben. Zu bestätigen,

1961 wird die West-Berliner Gerichtstraße, wo Linse bis zu seiner Verschleppung gewohnt hat, umbenannt; Foto: Benno Kirsch (2006).

272 Ebd.
273 Vgl. auch ACDP I-070–127/1 (Nachlass Globke).
274 Der Staatssicherheitsdienst, S. 166 f.
275 Helga Linse an Adenauer vom 11.6.1960 (BArch B 136, 6539).
276 Bericht Selbach für Bundeskanzler am 22.6.1960 (BArch B 136, 6539).
277 Der Staatssicherheitsdienst, S. 166 f.

Неп.вх. №

ГЕНЕРАЛЬНАЯ ПРОКУРАТУРА
РОССИЙСКОЙ ФЕДЕРАЦИИ

Г Л А В Н А Я
ВОЕННАЯ ПРОКУРАТУРА

СПРАВКА

/о реабилитации/

8. мая 1996 г.

№ 5уд-5262-53

103160, Москва, К-160

Гражданин /ка/ Линзе Вальтер-Эрих
Год и место рождения 1903 г.р., г.Хемниц
Гражданин /ка/ какого государства Германии
Национальность немец Место жительства до ареста
г.Берлин
Место работы и должность /род занятий/ до ареста начальник
отдела "Следственного Комитета свободных юристов"
Дата ареста 8 июля 1952 г.
Когда и каким органом осужден/а/ (репрессирован/а/)
23 сентября 1953 г. военным трибуналом войсковой части 48240

Квалификация содеянного и мера наказания /основная и до-
полнительная/ по ст.ст.58-6,ч.I, 58-10,ч.I, 58-II УК РСФСР к
высшей мере наказания -расстрелу, с конфискацией ценностей,
изъятых при аресте.
Дата освобождения Приговор приведен в исполнение 23.09.1953
На основании ст.3 п."а" Закона РФ "О реабилитации жертв
политических репрессий" от 18 октября 1991 г. гражданин/ка/
Линзе Вальтер-Эрих реабилитирован/а/.
Данные в справке указаны согласно материалам уголовного дела

ВРИО начальника
отдела реабилитации
Главной военной прокуратуры Т.А.Зубачев

При ответе ссылайтесь
на наш номер и дату

1996 wird Linse von der Hauptmilitärstaatsanwaltschaft der Russischen Föderation „vollständig rehabilitiert"; HAIT-Archiv, Akte Walter Linse.

dass Linse tot ist, hätte auch als Schuldeingeständnis gewertet werden können.
Also mussten erst die Diktaturen Osteuropas zusammenbrechen, damit man
Bestätigung erhalten konnte über das, was wirklich geschehen ist. Bengt von
zur Mühlen ist es zu verdanken, dass russisches Archivgut das Licht der Öffentlichkeit erblicken konnte, und Horst Hennig erreichte Linses Rehabilitierung
durch die Generalstaatsanwaltschaft der Russischen Föderation. Das Gutachten
vom 8. Mai 1996 spricht eine deutliche Sprache. Weder sei Linse ein Spion für
ein anderes Land gewesen, noch habe er den Interessen der Sowjetunion

geschadet. Seine Verschleppung sei nicht legal erfolgt und die Ermittlungen einseitig zu seinem Nachteil geführt worden, weshalb er „als vollständig rehabilitiert" gelte.[278] Man hat Linses Schwester Charlotte in den neunziger Jahren in Chemnitz ausfindig machen und ihr die Nachricht von seiner Rehabilitierung überbringen können. Kurze Zeit später ist sie verstorben.

VII. Ein deutscher Jurist im Krieg der Geheimdienste

1. Linse und die beiden Diktaturen in Deutschland

Kaiserreich, Weimarer Republik, nationalsozialistische Diktatur, sowjetische Besatzung, Bundesrepublik – Linse hat in einem halben Jahrhundert fünf Herrschaftsformen kennengelernt und am eigenen Leibe erfahren müssen. Zu Kaisers Zeiten ging er in die Schule, studierte dann in der instabilen Demokratie, arbeitete als Richter und Rechtsanwalt und bei der IHK während der nationalsozialistischen Diktatur, hatte einen gleitenden Übergang in die Besatzungszeit und betätigte sich als Kämpfer gegen den Kommunismus in der wieder hergestellten Demokratie. Die intellektuellen und emotionalen Herausforderungen müssen für ihn enorm gewesen sein; sie waren es auch für den Rest der Deutschen. Was Linse zu einem besonderen Fall werden lässt, ist der Umstand, dass er Jurist war, und vom Juristenstand hat man behauptet, er besitze die eigentümliche Fähigkeit, „durch die Tapetentüren der politischen Systeme schreiten [zu können], ohne größere Skrupel zu empfinden"[279].

Das Jahr 1933, in dem Hitler die Macht in den Schoß fällt und in dem die „Gleichschaltung" beginnt, markiert einen wichtigen Abschnitt in Linses Berufsweg: Er verlässt den Staatsdienst und taucht gleichsam ab in die freie Advokatur. Das zumindest ist anzunehmen, das vorliegende Quellenmaterial lässt keinen anderen Schluss zu. Über Linses Motive kann indes nichts gesagt werden. Wollte der sächsische Staat ihn loswerden, weil er dem Regime nicht aufgeschlossen gegenüberzustehen schien? Schien ihm das berufliche Dasein als Rechtsanwalt aus anderen, unpolitischen Gründen eine attraktive Alternative zu sein? Oder hätte er auch unter den Nazis Karriere machen wollen, wenn er denn gedurft hätte? Es wäre zu viel in das Material hineininterpretiert, wenn man aus dem Umstand, dass er Ende 1933 den Staatsdienst verlässt, auf inhaltliche Differenzen zu dem neuen Regime schließen würde. Die Antwort kann nur so und darob unbefriedigend ausfallen: Wir wissen es nicht – weder die eine noch die andere Variante sind auszuschließen.

Desgleichen sein Wechsel zur IHK im Jahre 1938: Eine Verbindung zu den politischen Verhältnissen kann man nicht sinnvoll herstellen (lediglich seine Mitgliedschaften in NSRB und DAF legen den Verdacht nahe, dass sie eine Art Vorleistung für seinen Eintritt in die IHK gewesen sein könnten). Die Motive,

278 HAIT-Archiv, Akte Walter Linse, Bestand Moskau.
279 Michael Stolleis, Durch so viele Türen geschritten. Die Tapeten wechseln, das Recht gilt immer: Vor hundert Jahren wurde Theodor Maunz geboren. In: FAZ vom 1.9.2001.

die letztlich wiederum im Dunkeln bleiben, müssen andere gewesen sein. Vielleicht hat es sich „einfach so ergeben", wie man halt häufig von einer in die nächste Tätigkeit rutscht. Sicher können wir indes darüber sein, was Linses Aufgabe bei der IHK war: Zuerst musste die „Arisierung" der Chemnitzer Wirtschaft vorangetrieben und bald abgeschlossen, dann die letzten Ressourcen aus ihr für den Krieg herausgepresst werden. Zweifelsohne hat Linse hier „mitgemacht", mitmachen müssen. Jedoch von seiner Tätigkeit auf eine ideologische Affinität zum Regime zu schließen, wäre erneut zu gewagt. Schließlich gibt es auch Indizien dafür, dass er ihm ablehnend gegenüberstand, seine Ziele auf eine subtile Art und Weise sogar zu unterlaufen versuchte. Unbestritten dürfte sein, dass Linse zumindest Kontakt zur Widerstandsgruppe „Ciphero" – wie immer deren Tätigkeit im Einzelnen ausgesehen haben mag: der Wille, sich gegen das Regime zu wenden, reicht aus, um ihr eine positive Würdigung angedeihen zu lassen – hatte und mit Ernst-Arthur Sieben-Haussen den jüdischen Ingenieur Gilel Reiter vor der Verschleppung in ein KZ zu bewahren versuchte.

Linses Strategie war dabei die der Objektivierung seines eigenen Handelns. Er exponierte sich nicht und er versteckte sich nicht. Lediglich manchmal tritt aus den Akten zutage, dass da einer Briefe schrieb und Aktennotizen anfertigte, die einem anderen Zweck als dem angegebenen dienten. Sein Widerstand war zwar nicht von der Art einer Sophie Scholl oder eines Georg Elser, das entsprach nicht seinem Naturell. Er war vorsichtig, ein Intellektueller, dessen Handlungen von begrenzter Wirkung waren und kaum in der Öffentlichkeit wahrgenommen werden konnten. War Linse für, war er gegen die Nazis? An ihren Früchten sollt ihr sie erkennen. Die Taten, mit denen sich Linse gegen das Regime stellte, wiegen schwerer als jene, in denen er sich als Mitläufer, womöglich – wir wissen es nicht – als Profiteur erwies.

Als das NS-Regime zusammengebrochen war, gelang Linse der gleitende Übergang in die neue Zeit. In den Nachkriegswirren konnte er die neuen Machthaber davon überzeugen, dass mit ihm ein Neubeginn zu machen war. Wie genau dies vonstatten ging, ist mangels aussagekräftiger Quellen erneut schwer zu sagen. Lediglich das steht fest: Linse machte unter sowjetischer Herrschaft einen großen Karrieresprung nach oben, vom Sachbearbeiter zum Geschäftsführer. Seine Distanziertheit zu dem neuen System und seine Affinität zu den Liberalen spielten in diesen Jahren keine Rolle. Erst als der Druck auf ihn stieg, wie es den Anschein hat, seine Loyalität durch Beitritt in die Einheitspartei zu demonstrieren, musste er Farbe bekennen – und tat es, indem er flüchtete. Die Aufteilung Deutschlands in vier Besatzungszonen eröffnete ihm – ungleich zuvor unter dem Nationalsozialismus – wie vielen anderen ein Ventil. Für ihn hatte die Heimlichtuerei ein Ende.

Bemerkenswert an Linses Übergang vom nationalsozialistischen ins Nachkriegsdeutschland ist, dass er zu jedem Zeitpunkt eine Aufsichtsfunktion ausübte. In seiner IHK-Zeit kontrollierte er vor und nach dem Krieg Mitgliedsbetriebe und wachte über die Einhaltung von Vorschriften, zuerst im Auftrag des nationalsozialistischen Staates, dann im Auftrag der Besatzungsmacht. Ebenfalls nach dem Krieg saß er dem Ausschuss vor, vor den die treten mussten, die ihre Wiederzulassung als Buchprüfer begehrten, und entschied über individuelle berufliche Karrieren. Auch als Mitarbeiter des UFJ hatte er durch das Verfassen von Gutachten die Macht, individuelle Karrieren zu befördern oder zu blockieren. Als Jurist war Linse immer „oben", und es ist bezeichnend, dass sich der UFJ von einer privaten Initiative sehr schnell zu einer halbstaatlichen Einrichtung entwickelte, die 1969 schließlich in eine staatliche Behörde integriert wurde.

Ohne die Erfahrung zweier Diktaturen wäre Linse wohl nie zu dem geworden, als den man ihn – indirekt, denn den meisten ist er ja wegen seiner Verschleppung bekannt – kennt: zum Kämpfer gegen die Diktatur, für das Recht. Auch wenn er eher zufällig Kontakt zum UFJ erhielt, so entsteht doch der Eindruck, dass Linse seine Aufgabe mit Hingabe, nicht bloß als „Job", erfüllte. Inhaltlich und methodisch konnte er anknüpfen an seine Dissertation: Er sammelte empirische Daten und legte das überpositive Recht als Maßstab zur Bewertung des Rechts an. Inwieweit sich seine Rechtsidee mit der Rechtswirklichkeit in der Bundesrepublik deckte, ist nicht bekannt. Die Frage, ob Linse sie darin aufgehoben und verwirklicht sah, ist jedoch von nicht zu unterschätzender Bedeutung, denn in der Beantwortung liegt auch die Antwort auf der Frage, ob Linse ein „kalter Krieger" gewesen ist, der mit diesem neuen Projekt seine eigene Vergangenheit vergessen machen kann. Auch hier stehen die Nachgeborenen wieder vor demselben Problem, das eine Bewertung verhindert: Indizien, gar Beweise für die eine oder andere These gibt es nicht. Vermutlich ging spätestens zu dem Zeitpunkt, an dem er den aktiven Kampf gegen die SED aufnahm, beides ineinander über, und Linse sah in der Rechtsordnung der Bundesrepublik eine Widerspiegelung seiner naturrechtlichen Vorstellungen.

2. Widerstand und Spionage

Von östlicher Seite ist der Vorwurf erhoben worden, Linse sei – wie viele andere, die für den UFJ arbeiteten – ein Spion gewesen. Dieser Vorwurf wiegt schwer, denn ist Spionage nicht unmoralisch und in allen Ländern strafbar? Soll die DDR nicht wie die Bundesrepublik das Recht gehabt haben, sich gegen die Ausforschung ihrer Geheimnisse zur Wehr zu setzen? Man kann diese Argumentation nicht rundheraus zurückweisen, wenn man die Perspektive eines an den Auseinandersetzungen der fünfziger Jahre Unbeteiligten einnimmt. Und doch wird man nicht umhin kommen, bereits die Frage für falsch gestellt zu halten, weil sie einen einheitlichen Spionagebegriff unterstellt und damit implizit Linses Verschleppung rechtfertigt. In der DDR war im Grunde alles Spionage bzw. konnte alles als Spionage etikettiert werden. Da das Regime auch noch so belanglose Daten geheimhalten wollte, musste zwangsläufig jeder Journalist, der nicht lediglich Propaganda verbreiten wollte, zum „Spion" mutieren, das heißt geheime Informationen erwerben und weiterleiten. Linses Tätigkeit unterschied sich häufig nicht von der eines Journalisten, wenn er sich ein Bild über den Zustand der Wirtschaft der DDR verschaffen wollte. Gemessen am Maßstab der Diktatur war er also ein Spion. Wenn man dagegen die Tätigkeit eines Journalisten in einer freien Gesellschaft zum Maßstab nimmt, dann kann von Spionage nicht die Rede sein.[280]

Gleichwohl lassen sich die Verstrickungen Linses in das Geheimdienstmilieu nicht leugnen. Mag er bewusst kaum Kontakt zu CIA-, CIC- oder BND-Mitarbeitern gehabt haben, so arbeitete er doch für eine Organisation, die ihre Verbindungen nicht verheimlichen konnte und deshalb ein gefundenes Fressen für die SED-Propaganda war. „Dr. Friedenau" leitete die Erkenntnisse seiner Mitarbeiter regelmäßig an seinen Mittelsmann „Mr. Vane" weiter und erhielt im Gegenzug Geldmittel, die von der CIA stammten. In den Augen der US-amerikanischen Regierung handelte es sich um gut angelegtes Geld, wie ein Bericht des Hohen Kommissars vom 25. Juni 1953 über den Aufstand in der DDR zeigt: „[We] have powerful instruments in the form of RIAS, the Free Jurists, the Kampfgruppe, and the CDU and SPD Ost-Buro, to feed and nurture the spirit of revolt among the people of the Soviet Zone of Germany, who tasted blood June 16–17 and have not yet been brought fully under control."[281] Auch vom BMG erhielt der UFJ diskrete Zuwendungen. Der „Reptilienfond" des Ministeriums betrug für 1950 11,5 Mio. und für 1953 20 Mio. Mark. Allerdings wurde die genaue Verwendung des Postens „Zuschüsse an Forschungsinstitute für kultur- und volkspolitische Zwecke und ähnliche Einrichtungen sowie allgemeine kulturelle Zwecke" nicht aufgeschlüsselt und blieb deshalb der parlamentarischen Kontrolle entzogen.[282] Die Bundesregierung förderte also systematisch die Entstehung einer undurchsichtigen Gemengelage aus „Vorfeldorganisationen", die mal mit dem BMG zusammenarbeiteten, mal auf eigene Rechnung.

Mochte Linse sich nicht als Spion verstehen und mag man die vulgäre SED-Propaganda zurückweisen, so war das Gesamtarrangement, in dem er sich bewegte, geprägt von Ambivalenz, Geheimniskrämerei und Dunkelmännertum. Wer sich in diesem Umfeld bewegte, konnte nicht „sauber" bleiben, auch Linse nicht. Aber dieser Befund darf nicht dazu verleiten, die Motive und Handlungen der Beteiligten zu diskreditieren. Sie engagierten sich häufig aus uneigennützigen, aus Gewissensgründen. Die Alternative zur Zusammenarbeit mit Geheimdiensten wäre gewesen, tatenlos zuzusehen, wie Unrecht geschieht, oder einen aussichtslosen Kampf gegen einem übermächtigen Gegner zu wagen. Mit dem MfS verfügte die SED über ein Instrument, demgegenüber jeder offene Widerstand zum Scheitern verurteilt war. Die Biographien zahlreicher Regimegegner, die die Gefängnisse der DDR füllten, sprechen eine deutliche Sprache. Nur wer sich der Unterstützung eines mächtigen Partners – beispielsweise der CIA, des BMG oder anderer – vergewisserte, konnte Aussicht auf Erfolg haben. Heute also Linse und anderer der „Spionage" zu bezichtigen, heißt, das hochgradig asymmetrische Verhältnis zwischen Diktatur und Wider-

---

280 Vgl. Dr. Theo Friedenau, Was ist „Spionage"? Die andere Seite des Falles Linse (LA Berlin, B Rep. 002, Nr. 12788).
281 FRUS, S. 1597.
282 Der Gesamtdeutsche Ausschuss, S. XII. Vgl. Verhandlungen des Deutschen Bundestages, 2. Wahlperiode 1953, Stenographischer Bericht, Bd. 36., S. 11971. Vgl. auch Rüß, Anatomie einer politischen Verwaltung.

stand zu unterschlagen und damit implizit das Verbrechen des Menschenraubes zu rechtfertigen.[283]

3. Der Mann, der existiert haben könnte[284]

Für das MfS war Linse also ein „Spion" – aber nur einer unter vielen anderen. Warum hat es ausgerechnet ihn verschleppen lassen? Wie konnte es zu der Auffassung gelangen, dass an ihm ein so grausames Exempel statuiert werden musste, obwohl er schwerlich – Wahrnehmung und Wirklichkeit fallen in diesem Fall besonders deutlich auseinander – der Feind war, als der er vom MfS bezeichnet wurde? Im Fall Linses finden sich die Schlüsseldokumente in den Akten der Dienststelle Chemnitz, wo der abgefangene Brief von Linses Frau Helga, die Spitzelberichte „Konrads" und die bisherigen Ermittlungen in einer ganz anderen Angelegenheit zusammengeführt wurden. Aktenkundig gemacht wurde das Interesse der Chemnitzer Genossen im Oktober 1951, als sich die Berliner nach ihm erkundigten. Man holte Informationen ein und fand heraus, dass Linse über die Freunde, die Helgas Brief transportierten, mit weiteren Verdächtigen (Gruppenvorgang „Ring") in Verbindung stand. „Es ist stark zu vermuten, dass Dr. Linse ehem. Angehörige der Widerstandsgruppe Ciphero zu feindlicher Arbeit ...", folgerten die Genossen mangels Beweisen.[285] Daraufhin setzten sie „Konrad" auf den Fall an, der wenig später seine Berichte lieferte. Als dessen Informationen ein Bild ergaben, das den Erwartungen der Tschekisten entsprach, warf man alle vorhandenen Zweifel an „Konrads" Glaubwürdigkeit über Bord. „Verdächtig" machte sich Linse also zunächst dadurch, dass sich die Berliner Genossen für ihn interessierten, des Weiteren aus dem Umstand, dass der Adressat von Helgas Brief bereits verdächtig war, und durch die Märchen, die „Konrad" – vielleicht lediglich bestrebt, seinen Kontaktmännern die Informationen zu liefern, die diese hören wollten – über ihn zum Besten gab. Kurzum: Das MfS kam auf der Basis von Mutmaßungen und Kurzschlüssen zu dem Ergebnis, dass Linse ein gefährlicher Spion sei, den man am besten „unschädlich" machen müsste.

Welche Abfolge von Wahrnehmungen und Entscheidungen das Handeln der Berliner MfS-Dienststelle prägte, geht aus dem vorliegenden Material nicht hervor. Aber es ist anzunehmen, dass sie derselben Logik folgten.

So zufällig diese Ereignisse miteinander in Verbindung standen, so sehr erschienen sie den Dunkelmännern als logische und konsequente Indizienkette. Von der Verdachtschöpfung bis zur Verschleppung führte – in der Selbstwahrnehmung – eine rationale Handlungskette. Über das späte MfS ist bekannt, dass es – darin der SED treu folgend – seinen hypertrophen Spitzelapparat auf der Annahme aufbaute, dass sämtliche Störungen in der Entwicklung des Sozialismus äußere Ursachen hatten. Da die ständigen kleinen Siege über den

283 Vgl. Fricke, Spionage als antikommunistischer Widerstand.
284 Eine Formulierung von Owen Lattimore, zit. nach Whitaker, Das Ende der Privatheit, S. 41.
285 BStU, AP 69/56, S. 24.

Klassenfeind jedoch nicht zum erwünschten Ergebnis führten, folgerte man, dass der Klassengegner seine Hetz- und Wühlarbeit nach wie vor betreibe, nur eben viel geschickter getarnt und deshalb viel perfider, wirkungsvoller. Je weiter man in die Tiefenstrukturen der Gesellschaft vordrang, desto mehr Gegner konnten enttarnt werden. Der Feind lauerte überall, wie man auf diese Weise bestürzt feststellte, der mit immer größerem Aufwand bekämpft werden musste, weil seine Vernichtung neue, noch besser getarnte Feinde zum Vorschein brachte. Gefangen in dieser Verschwörungstheorie, wurde folgerichtig gleichsam ein permanenter Verteidigungsnotstand ausgerufen und der Apparat immer weiter aufgebläht.[286] Es ist anzunehmen, dass die Struktur dieses Denkens und Handelns bereits in den fünfziger Jahren voll ausgeprägt war.

Durch die bewusste Nicht-Regelung von Aufgaben und Zuständigkeiten des MfS – das „Gesetz über die Bildung eines Ministerium für Staatssicherheit" vom 8. Februar 1950 spottet aller Anforderungen an das Bestimmtheitsgebot – war dem Geheimdienst ein unbegrenzter Aktionsraum eröffnet worden, in dem sich die Theorie ungehindert Bahn brechen und empirische Wirksamkeit entfalten konnte. Rechtlich ungebunden, konnte das MfS nach Belieben schalten und walten und so einen „Doppelstaat" (Ernst Fraenkel) errichten helfen. Es war bereits den Zeitgenossen klar (und deshalb war der UFJ ja auch gegründet worden), dass das Regime jeden jederzeit mit einem politischen Gerichtsverfahren überziehen konnte, in dem der Betroffene keine angemessene Gegenwehr leisten konnte. Die Gewissheit im MfS, allmächtig, unangreifbar zu sein, in Verbindung mit der Gesellschafts- und Geschichtstheorie von den sich verschärfenden Klassengegensätzen und dem unaufhaltsamen Sieg des Sozialismus war der Humus, auf dem die Pläne zur Verschleppung Linses reiften.

Über diese spezifischen Besonderheiten hinaus, die die Machenschaften des MfS prägten, machten es zwei allgemeine Faktoren nahezu unumgänglich, dass die Informationen des MfS fehlerhaft sein mussten. Zum ersten sind alle Daten unklar, ambivalent – sonst würde niemand die Notwendigkeit sehen, sie „aufzuklären". Außerdem kommt es selten vor, dass jemand über zu wenige Informationen verfügt. Eher ist es so, dass die Informationssuchenden an einer Fülle von Daten förmlich ersticken. Damit ist, zweitens, dem Wunschdenken des Entscheidenden Tür und Tor geöffnet. Ambivalente Informationen erfordern von vernünftigen Interpreten der Daten keine andere Wahl als sich auf ein „Unentschieden" zurückzuziehen – eine Schlussfolgerung, die politische Entscheidungsträger nur ungern zur Kenntnis nehmen. Diese beiden Umstände können in keinem Fall beseitigt werden, sie sind unauslöschlich in die Struktur der Daten eingebrannt.[287]

Auch diese allgemeinen strukturellen Implikationen geheimdienstlicher Aufklärung trugen zur weitgehenden Erblindung des MfS bei.[288] „Sicherheit" konnte das MfS auf diese Weise nicht schaffen, im Gegenteil wurde es selbst zu

286 Vgl. Baule, Die politische Freund-Feind-Differenz.
287 Betts, Analysis, War, and Decision, S. 69–72. Vgl. Whitaker, Das Ende der Privatheit, S. 41.
288 Baule, Die politische Freund-Feind-Differenz, S. 181; vgl. Suckut (Hg.) Das Wörterbuch der Staatssicherheit, S. 24.

einem Unsicherheitsfaktor. Möglicherweise ist der eine oder andere „echte" Staatsfeind bei seinem finsteren Werk ertappt worden, aber wie viele „Staatsfeinde" erst produzierte der Apparat, Menschen, die gar nicht vorhatten, Regimegegner zu werden? Linses Verschleppung und Hinrichtung war ein Ergebnis der systematischen Produktion von Staatsfeinden. Zwar ist er mit Sicherheit auch ohne Zutun des MfS ein Gegner der DDR gewesen und, darf man annehmen, hätte sie lieber heute als morgen untergehen sehen. Aber gleichzeitig wurde aus ihm ein Gegner gemacht, den zu vernichten man sich in der Pflicht sah. Dazu hätte es einer ausdrücklich feindseligen Haltung Linses vermutlich gar nicht bedurft, und dieser Umstand ist entscheidend. Das MfS sammelte über Linse Informationen aus verschiedenen Quellen, unsystematisch und unkritisch. Es kompilierte eine Akte, die gefüttert war mit Informationen, die zuvor bereits durch einen oder mehrere Filter gegangen waren, was zu ihrer Verfälschung und Verzerrung führte, auf keinen Fall aber zu einer maßstabsgetreuen Abbildung der Wirklichkeit. Für derartige Datensammlungen gilt ganz allgemein: „Diese Datenprofile oder Phantom-Ichs überschatten unser wirkliches Selbst, und dies hat beträchtliche Auswirkungen."[289] Damit jagte das MfS 1951/52 im Grunde ein Phantom, das es „Walter Linse" nannte, das aber mit dem empirischen Walter Linse lediglich bestimmte, hochgradig selektive Merkmale gemein hatte. Am eigenen Leibe zu spüren bekam die Folgen dieser Konstruktion jedoch der „echte" Walter Linse. Von seinen überlieferten Aussagen, in denen er die Vorwürfe seiner Ankläger bestätigte, darf man sich nicht irritieren lassen. Wenn er etwa in seinem Schlusswort vor dem Militärtribunal bekannte: „Ich bereue meine Taten"[290], handelte es sich nicht um das Ergebnis von Linses Sinneswandel, sondern um die von seinen Peinigern erzwungene Bestätigung einer am Beginn des Ermittlungsprozesses aufgestellten These. Sie ist Teil der Konstruktion des „Spions" Walter Linse.

289 Whitaker, Das Ende der Privatheit, S. 173.
290 HAIT-Archiv, Akte Walter Linse, Bestand Moskau.

Abkürzungen

BMG	Bundesministerium für gesamtdeutsche Aufgaben
BND	Bundesnachrichtendienst
CIA	Central Intelligence Service (US-Auslandsgeheimdienst)
CIC	Counter Intelligence Corps (US-Militärgeheimdienst)
DAF	Deutsche Arbeitsfront
KGB	Komitee für Staatssicherheit beim Ministerrat der UdSSR (seit März 1954)
KgU	Kampfgruppe gegen Unmenschlichkeit
LDP	Liberaldemokratische Partei Deutschlands
MfS	Ministerium für Staatssicherheit der DDR
MGB	Ministerium für Staatssicherheit (bis März 1953) (sowjet. Geheimdienst)
NSDAP	Nationalsozialistische Deutsche Arbeiterpartei
NSRB	Nationalsozialistischer Rechtswahrerbund
RIAS	Radio im amerikanischen Sektor
SED	Sozialistische Einheitspartei Deutschlands
UFJ	Untersuchungsausschuss Freiheitlicher Juristen
VOS	Vereinigung der Opfer des Stalinismus

Quellen

Archiv für Christlich-Demokratische Politik (ACDP), Sankt Augustin
  I-070–127/1 (Nachlass Hans Globke)
  I-295–007 (Nachlass Franz Amrehn)
Bundesarchiv (BArch), Koblenz
  B 136 (Bundeskanzleramt): 6539
  B 137 (Bundesministerium für innerdeutsche Beziehungen): 1063
  B 209 (Untersuchungsausschuss freiheitlicher Juristen): 4, 29,258, 468, 959
  B 289 (Kampfgruppe gegen Unmenschlichkeit): 1070, 9504, 11242
  N 1515 (Nachlass von Dellingshausen)
  Zsg. 1–97/53
Bundesarchiv (BArch), Berlin, Berlin Document Center
  ZB 7374 A.14
Die Bundesbeauftragte für die Unterlagen des Staatssicherheitsdienstes der ehemaligen Deutschen Demokratischen Republik (BStU), Zentralarchiv
  MfS GH 105/57, Bd. 1, 4, 5, 6
  AP 69/56
  ANS AiM 14864/89 A, Bd. 1
  ANS AiM 14864/89 A, Bd. I
  MfS AiM 2559/63 P
  MfS AiM 1639/61 (1) P

MfS AiM 1639/61 P, Bd. 2

MfS KS 6112/90

MfS KS 6112/90 (VP-Akte)

Der Generalstaatsanwalt bei dem Landgericht Berlin (StA), Berlin

Az. 29 Js 431/91

Hannah-Arendt-Institut für Totalitarismusforschung (HAIT), Dresden

Akte Walter Linse (enthält auch Bestand Moskau)

Landesarchiv Berlin (LA Berlin), Berlin

B Rep. 001 (Der Präsident des Abgeordnetenhauses): 144

B Rep. 002 (Senatskanzlei): 12788

E Rep. 200–21 (Nachlass Ernst Reuter): 113

E Rep. 200–88 (Nachlass Willy Kressmann): 40

E Rep. 300–62 (Nachlass Karl Mautner): 26

F Rep. 280 LAZ-Sammlung: 17843

Politisches Archiv des Auswärtigen Amtes (AA-PA), Berlin

Bestand B 10, Politische Abteilung 2, 1949/1951–1958

Staatsarchiv Chemnitz (StAC), Chemnitz

Bestand 30874 (Industrie- und Handelskammer Chemnitz): 61, 354, 513, 695, 699, 712, 746, 750, 835, 853

Stadtarchiv Chemnitz (StadtA Chemnitz), Chemnitz

Bestand Antifa-Block, Sign. 65

Höhere Schulen, Oberrealschule Wielandstraße, 86.

Staatsarchiv Leipzig (StAL), Leipzig

Amtsgericht Leipzig, Nr. 2767

Stiftung Archiv der Parteien und Massenorganisationen der DDR im Bundesarchiv – (SAPMO-BArch), Berlin

DY 30/IV 2/2/220

Stiftung Bundeskanzler-Adenauer-Haus (StBKAH), Bad Honnef

I 10.23

Universitätsarchiv Leipzig (UAL), Leipzig

Quästurkartei

Rep. I/XVI/VII C 88, Bd. 1.

Jur. Fak. B I 2, Bd. 4

Literatur

Adenauer. Rhöndorfer Ausgabe. Hrsg. von Rudolf Morsey und Hans-Peter Schwarz. Teegespräche 1950–1954. Bearb. von Hanns Jürgen Küsters, Berlin 1984.

Arendt, Hannah: Nach Auschwitz. Essays und Kommentare 1, Berlin 1989.

Autorenkollektiv: Karl-Marx-Stadt. Geschichte der Stadt in Wort und Bild, Berlin (Ost) 1988.

Bästlein, Klaus: Der Fall Mielke. Die Ermittlungen gegen den Minister für Staatssicherheit der DDR, Baden-Baden 2002.

Baule, Bernward: Die politische Freund-Feind-Differenz als ideologische Grundlage des Ministeriums für Staatssicherheit (MfS), in: Deutschland Archiv 26 (1993), H. 2, S. 170–184.

Behring, Rainer: Die Zukunft war nicht offen. Instrumente und Methoden der Diktaturdurchsetzung in der Stadt: Das Beispiel Chemnitz. In: Diktaturdurchsetzung. Instrumente und Methoden der kommunistischen Machtsicherung in der SBZ/DDR 1945-55. Hrsg. von Andreas Hilger, Mike Schmeitzner und Ute Schmidt, Dresden 2001, S. 155–168.

Berlin. Chronik der Jahre 1951–1954. Hrsg. im Auftrag des Senats von Berlin, Berlin 1968.

Betts, Richard K.: Analysis, War, and Decision: Why Intelligence Failures Are Inevitable, in: World Politics 31 (1978), H. 1, S. 61–89.

Beyer, Klaus u. a.: Wismut – „Erz für den Frieden"? Einige Aspekte zur bergbaulichen Tätigkeit der SAG/SDAG „Wismut" im Erzgebirge, o. O. [Dresden] 1995.

Deriabin, Peter/Gibney, Frank: The Secret World, Garden City/New York 1959.

Diamant, Adolf: Chronik der Juden in Chemnitz, heute Karl-Marx-Stadt. Aufstieg und Untergang einer jüdischen Gemeinde in Sachsen, Frankfurt a. M. 1970.

Engelmann, Roger/Fricke, Karl Wilhelm: „Konzentrierte Schläge". Staatssicherheitsaktionen und politische Prozesse? in der DDR 1953–1956, Berlin 1998.

Frei, Norbert: Der Führerstaat. Nationalsozialistische Herrschaft 1933 bis 1945, München 1987.

Fricke, Karl Wilhelm: Ein Mann namens Linse. Schicksale aus der Zeit des Kalten Krieges. Sendung im Deutschlandfunk am 4. Juli 1972, Ms.

Fricke, Karl Wilhelm: Entführungsopfer postum rehabilitiert. Das Schicksal des Rechtsanwalts Walter Linse. In: Deutschland Archiv 29 (1996) H. 5, S. 713–717.

Fricke, Karl Wilhelm: Postskriptum zum Fall Walter Linse. In: Deutschland Archiv 29 (1996) H. 6, S. 917–919.

Fricke, Karl Wilhelm: Politik und Justiz in der DDR, Köln 1979.

Fricke, Karl Wilhelm: Spionage als antikommunistischer Widerstand. Zur Zusammenarbeit mit westlichen Nachrichtendiensten aus politischer Überzeugung. In: Deutschland Archiv 35 (2002) H. 4, S. 565–578.

Fricke, Karl-Wilhelm / Ehlert, Gerhard: Entführungsaktionen der DDR-Staatssicherheit und die Folgen für die Betroffenen. In: Deutscher Bundestag (Hrsg.): Materialien der Enquete-Kommission „Überwindung der Folgen der SED-Diktatur im Prozess der Deutschen Einheit", Bd. VIII / 2, S. 1169–1208, Baden-Baden 1999.

Foreign Relations of the United States (FRUS) 1952–1954. Germany and Austria, Pt. 2, Washington 1986.

Der Gesamtdeutsche Ausschuss. Sitzungsprotokolle des Ausschusses für gesamtdeutsche Fragen des Deutschen Bundestages 1949–1953. Bearbeitet von Andreas Biefang, Düsseldorf 1998.

Gieseke, Jens: Zeitgeschichtsschreibung und Stasi-Forschung. Der besondere Weg der Aufarbeitung. In: Suckut, Siegfried / Weber, Jürgen (Hrsg.): Stasi-Akten zwischen Politik und Zeitgeschichte. Eine Zwischenbilanz, München 2003, S. 218–239.

Hachmeister, Lutz: Schleyer. Eine deutsche Geschichte, München 2004.

Hagen, Louis: Der heimliche Krieg auf deutschem Boden. Seit 1945, Düsseldorf 1969.

Hagemann, Frank: Der Untersuchungsausschuss Freiheitlicher Juristen. 1949–1969, Frankfurt a. M. 1994.

Im Dienste der Unterwelt. Dokumentarbericht über den „Untersuchungsausschuss freiheitlicher Juristen" – Verein kraft Verleihung – Berlin-Zehlendorf, Limastraße 29, Berlin (Ost) 1960.

König, Stefan: Vom Dienst am Recht. Rechtsanwälte als Strafverteidiger im Nationalsozialismus, Berlin 1987.

Köster, Marco: Die Überwachungslogik der DDR-Staatssicherheit. Über die strukturelle Selbstverunsicherung einer Kontrollinstitution. In: Deutschland Archiv 32 (1999), H. 5, S. 799–803.

Kraushaar, Wolfgang: Die Protest-Chronik von 1949–1959. Eine illustrierte Geschichte von Bewegung, Widerstand und Utopie, Frankfurt a. M. 1996.

Krämer, Sonja Isabel: Westdeutsche Propaganda im Kalten Krieg: Organisationen und Akteure In: Wilke, Jürgen (Hg.): Pressepolitik und Propaganda. Historische Studien vom Vormärz bis zum Kalten Krieg, Köln 1997, S. 333–371.

Kreschnak, Werner: Die Verfolgung der Juden in Chemnitz während der faschistischen Diktatur von 1933 bis 1945. Ein Beitrag zum 50. Jahrestag der faschistischen Pogromnacht, Karl-Marx-Stadt 1988.

Linse, Walter: Der untaugliche Versuch und das Rechtsgefühl des Volkes. Eine dogmatische und empirische Studie, Dresden 1938.

Mampel, Siegfried: Entführungsfall Dr. Walter Linse – Menschenraub und Justizmord als Mittel des Staatsterrors, Berlin 2001.

Müller, Uwe: Die Entwicklung der Verwaltungsstrukturen in Chemnitz / Karl-Marx-Stadt 1945–1961. In: Mitteilungen des Chemnitzer Geschichtsvereins, Jahrbuch 72, Neue Folge XI: Chemnitz im 20. Jahrhundert (III). Politik-Verwaltung-Soziales, Chemnitz 2002, S. 81–107.

Murder International, Inc. Murder and Kidnaping as an Instrument of Soviet Policy, Hearing before the Subsommittee to Investigate the Administration of the Internal Security Act and other Internal Security Laws of the Committee on the Judiciary. United States Senate. 89th Congress, 1st session, Washington 1965.

Murphy, David E.: The CIA's Berlin Operation Base and the Summer of 1953. In: Secret Intelligence in the Twentieth Century. Hrsg. von Heike Bungert, Jan G. Heitmann und Michael Wala, London 2003, S. 147–158.

Murphy, David E./Kondrashev, Sergei A./Bailey, George: Battleground Berlin. CIA vs. KGB in the Cold War, New Haven 1997.

Nitsche, Jürgen/Röcher, Ruth: Juden in Chemnitz. Die Geschichte der Gemeinde und ihrer Mitglieder. Mit einer Dokumentation des Jüdischen Friedhofs, Dresden 2002.

Riess, Curt: Berlin, Berlin. 1945–1953, Berlin 2002 (zuerst 1953).

Roeling, Rob: Arbeiter im Uranbergbau: Zwang, Verlockungen und soziale Umstände. In: Karlsch, Rainer/Schröter, Harm (Hrsg.): „Strahlende Vergangenheit", St. Katharinen 1996, S. 99–133.

Rüß, Gisela: Anatomie einer politischen Verwaltung. Das Bundesministerium für gesamtdeutsche Fragen – Innerdeutsche Beziehungen 1949–1970, München 1973.

Schuller, Wolfgang: Walter Linse. In: Opposition und Widerstand in der DDR. Politische Lebensbilder. Hrsg. von Karl-Wilhelm Fricke, Peter Steinbach und Johannes Tuchel, München 2002, S. 289–294.

Smith, Arthur L.: Kidnap city. Cold war Berlin, Westport 2002.

Der Staatssicherheitsdienst. Ein Instrument der politischen Verfolgung in der Sowjetischen Besatzungszone Deutschlands, Bonn 1962.

Staritz, Dietrich: Die Gründung der DDR. Von der sowjetischen Besatzungsherrschaft zum sozialistischen Staat, München 1984.

Suckut, Siegfried: Das Wörterbuch der Staatssicherheit. Definitionen zur „politisch-operativen Arbeit", Berlin 1996.

Weber, Max: Gesammelte Aufsätze zur Wissenschaftslehre, Tübingen 1988.

Whitaker, Reg: Das Ende der Privatheit. Überwachung, Macht und soziale Kontrolle im Informationszeitalter, München 1999.

Zahn, Hans-Eberhard: Haftbedingungen und Geständnisproduktion in den Untersuchungs-Haftanstalten des MfS – Psychologische Aspekte und biographische Veranschaulichung, Berlin 2001.

Angaben zum Autor

Dr. Benno Kirsch ist Politikwissenschaftler und lebt in Berlin.

Hefte dieser Reihe

Heft 1:   Luxemburger Zwangsrekrutierte im Wehrmachtgefängnis
             Torgau-Fort Zinna 1943–1945, 1996, ISBN 978-3-9805527-0-7

Heft 2:   Hans-Dieter Scharf:
             Von Leipzig nach Workuta und zurück. Ein Schicksalsbericht
             aus den frühen Jahren des ersten deutschen Arbeiter- und
             Bauernstaates 1950–1954,
             1996, ISBN 978-3-9805527-1-4

Heft 3:   Maria Vittoria Zeme:
             „... und entzünde einen Funken Hoffnung". Aus dem Tagebuch
             einer italienischen Rotkreuzschwester im Kriegsgefangenenlager
             Zeithain 1943–1944, 1996, ISBN 978-3-9805527-2-1

Heft 4:   Hunger – Kälte – Isolation. Erlebnisberichte und Forschungs-
             ergebnisse zum sowjetischen Speziallager Bautzen 1945–1950,
             4., korrigierte und ergänzte Auflage 2002,
             ISBN 978-3-9805527-3-8

Heft 5:   „Die Entscheidung konnte mir niemand abnehmen ..."
             Dokumente zu Widerstand und Verfolgung des evangelischen
             Kirchenjuristen Martin Gauger (1905–1941),
             1997, ISBN 978-3-9805527-4-5

Heft 6:   Achim Kilian:
             „From Special Camp No. 1 to US".
             Jugendjahre zwischen Vogtland, Mühlberg und Arkansas,
             1998, ISBN 978-3-9805527-5-2 (vergriffen)

Heft 7:   Kurt Kohlsche: „So war es! Das haben sie nicht gewusst."
             Konzentrationslager Sachsenburg 1935/36 und
             Wehrmachtgefängnis Torgau-Fort Zinna 1944/45 – ein
             Häftlingsschicksal, 2001, ISBN 978-3-9805527-6-9

Heft 8:   Wege nach Bautzen II. Biographische und autobiographische
             Porträts, 3., korrigierte und ergänzte Auflage 2003,
             ISBN 978-3-9805527-7-6

Heft 9:   Aktenzeichen „unerwünscht". Dresdner Musikerschicksale und
             nationalsozialistische Judenverfolgung 1933–1945,
             1999, ISBN 978-3-9805527-8-3 (vergriffen)

Heft 10:	Günter Heinisch:
	„Solange Du lebst, lebt auch die Hoffnung noch."
	Erinnerungen an Haft und Selbstbehauptung in Chemnitz,
	Dresden und Bautzen 1950–1956,
	2000, ISBN 978-3-9805527-9-0 (vergriffen)

Heft 10:   Günter Heinisch:
            „Solange Du lebst, lebt auch die Hoffnung noch."
            Erinnerungen an Haft und Selbstbehauptung in Chemnitz,
            Dresden und Bautzen 1950–1956,
            2000, ISBN 978-3-9805527-9-0 (vergriffen)

Heft 11:   Dr. Margarete Blank (1901–1945). Justizmord und
            Erinnerungspolitik, 2000, ISBN 978-3-934382-00-8

Heft 12:   Zum Beispiel Vilém Kostka. Der tschechische Widerstand vor
            dem Oberlandesgericht Dresden. Ein Haftschicksal in Briefen
            1941–1945, 2001, ISBN 978-3-934382-03-9

Heft 13:   Friedrich Salzburg:
            Mein Leben in Dresden vor und nach dem 30. Januar 1933.
            Lebensbericht eines jüdischen Rechtsanwalts aus dem amerika-
            nischen Exil im Jahr 1940, 2001, ISBN 978-3-934382-04-6

Heft 14:   „.... ist uns noch allen lebendig in Erinnerung". Biografische
            Porträts von Opfern der nationalsozialistischen „Euthanasie"-
            Anstalt Pirna-Sonnenstein, 2003, ISBN 978-3-934382-07-7

Heft 15:   Hans Corbat: „Unserer Entwicklung steht er feindselig
            gegenüber." Erlebnisse in kommunistischen Lagern und
            Gefängnissen in Berlin, Torgau und Bautzen 1946–1956,
            2004, ISBN 978-3-934382-10-7

Heft 16:   Kassiber aus Bautzen. Heimliche Briefe von Gefangenen
            aus dem sowjetischen Speziallager 1945–1950,
            2004, ISBN 978-3-934382-11-4

Heft 17:   Gezeichnet. Kunst und Widerstand.
            Das Künstlerpaar Eva Schulze-Knabe (1907–1976) und Horst
            Schulze (1903–1942), 2005, ISBN 978-3-934382-17-6

Heft 18:   Peter Blachstein: „In uns lebe die Freiheit".
            Zeugnisse zum frühen Konzentrationslager Burg Hohnstein,
            2005, ISBN 978-3-934382-16-9

Heft 19:   Benno Kirsch: Walter Linse. 1903 – 1953 – 1996,
            2007, ISBN 978-3-934382-19-0

Diese Hefte können zum Preis von 5,50 € ab Heft 17: 8,50 € incl. MwSt. zzgl.
Versandkosten bezogen werden über:
Stiftung Sächsische Gedenkstätten, Dülferstr. 1, 01069 Dresden,
Telefon: (0351) 4 69 55 40, Telefax: (0351) 4 69 55 41,
http://www.stsg.de, E-Mail: info@stsg.smwk.sachsen.de